LES JARDIFICHES

Le guide pratique des aromatiques

Thomas Alamy

Éditions OUEST-FRANCE

COMMENT LIRE LES FICHES

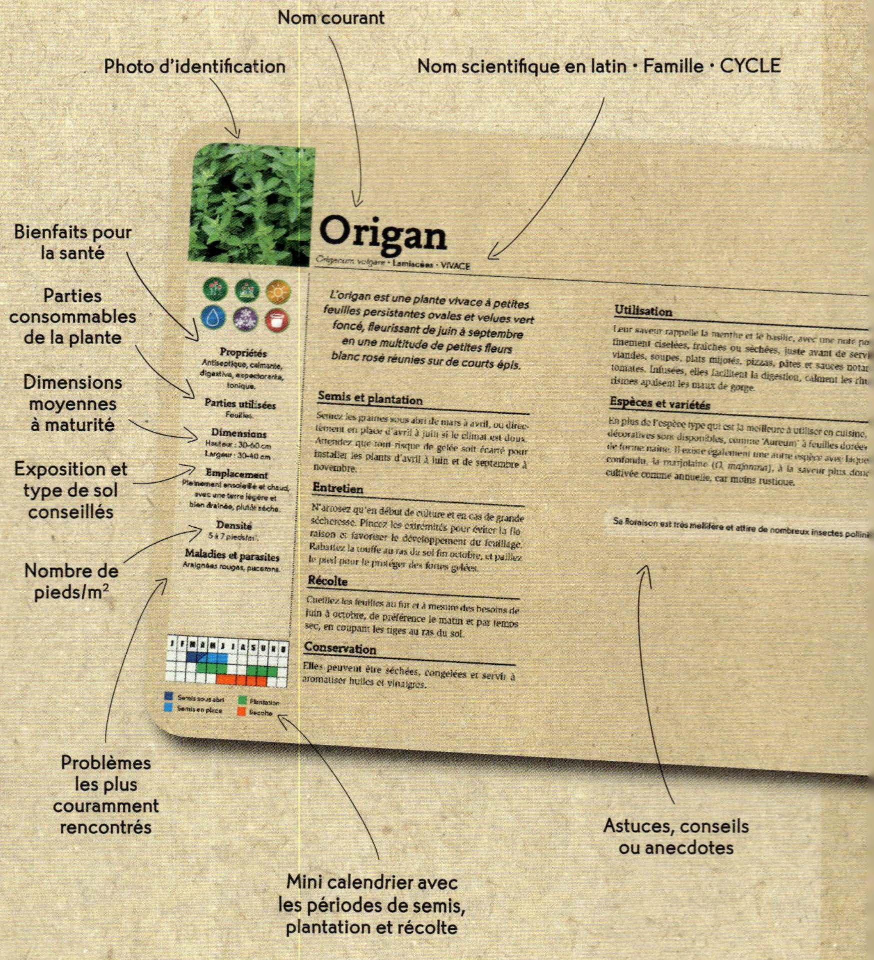

LÉGENDE DES PICTOGRAMMES

- **Port**

Buissonnant — Rampant — Dressé — Étalé

- **Exposition recommandée**

Ensoleillée (6h d'ensoleillement minimum par jour) — Semi-ombragée (entre 3h et 6h par jour) — Ombragée (moins de 3h par jour) — À l'abri du vent

- **Besoins en eau**

Faibles — Moyens — Élevés — Aucun

- **Rusticité**

Faible (entre -5 et 5° C) — Moyenne (entre -5 et -15° C) — Forte (< -15° C) — Aucune (> 5° C)

- **Culture en pot**

Possible — Déconseillée

Sommaire

Note de l'auteur

Les périodes de travaux ainsi que celles des étapes de développement des plantes peuvent varier en fonction des régions, des conditions climatiques et de la configuration de votre jardin. Comptez jusqu'à un mois d'avance pour les régions méridionales et du littoral, et un mois de retard au Nord et en altitude.

Avertissement

En cas de grossesse ou d'allaitement, de problèmes de santé (hypertension, diabète...), veuillez vous renseigner auprès de votre médecin pour connaître les contre-indications éventuelles liées à la consommation d'herbes et de plantes aromatiques.

Glossaire

Annuelle. Plante dont la durée de vie est de moins d'un an.

Bisannuelle. Plante vivant deux années : la première, elle développe racines, tiges et feuilles, la deuxième, fleurs, fruits et graines.

Butter. Ramener de la terre autour du pied d'une plante de façon à former un petit monticule.

Caduc. Se dit d'une plante dont les feuilles tombent chaque année à l'automne pour laisser place à de nouvelles au printemps.

Espèce type. Désigne l'espèce naturelle.

Herbacée. Plante dont les tiges sont tendres.

Levée. Moment où une plantule issue de la germination d'une graine sort de terre.

Montée en graines. Production de graines aboutissant à la fin du cycle végétatif d'une plante.

Ombelle. Type d'inflorescence où toutes les fleurs partent d'un même point.

Pailler. Couvrir la surface du sol d'une couche de matières végétales (paille, feuilles sèches, etc.).

Persistant. Se dit d'une plante dont le feuillage perdure tout au long de l'année.

Pincer. Couper l'extrémité d'une tige pour favoriser la ramification ou/et éviter le développement de graines.

Place (En). Semis ou repiquage d'une plante à son emplacement définitif.

Rabattre. Réaliser une taille courte ou à ras du sol des tiges.

Repiquer. Transplanter un jeune plant issu d'un semis.

Rustique. Capacité d'une plante à résister aux conditions hivernales.

Vivace. Plante vivant plus de deux années.

Absinthe

Artemisia absinthium • Astéracées • VIVACE

Propriétés
Calmante, digestive, stomachique, tonique, vermifuge.

Parties utilisées
Feuilles.

Dimensions
Hauteur : 50-150 cm
Largeur : 60-80 cm

Emplacement
Ensoleillé de préférence mais elle tolère l'ombre légère, dans un sol plutôt léger et sec, bien drainé.

Densité
1 à 2 pieds/m².

Maladies et parasites
Pucerons.

J	F	M	A	M	J	J	A	S	O	N	D
		Semis sous abri	Semis sous abri	Semis en place							
			Plantation	Plantation	Plantation	Plantation	Plantation	Plantation	Plantation		
						Récolte	Récolte	Récolte			

Semis sous abri
Semis en place
Plantation
Récolte

L'absinthe est une plante vivace herbacée dont les tiges au feuillage persistant gris argenté très découpé sont surmontées de juillet à septembre d'une floraison jaune.

Semis et plantation

On la sème en mars-avril sous abri ou en mai directement en place quand les gelées ne sont plus à craindre, pour une levée en moins d'un mois. La mise en terre de plants achetés en godets s'effectue entre avril et octobre.

Entretien

Elle résiste très bien à la sécheresse et ne doit être arrosée qu'en cas de fortes chaleurs. Taillez légèrement les tiges après la floraison. Apportez en fin d'automne un peu de compost au pied avant de pailler dans les régions froides. À la sortie de l'hiver, rabattez la touffe de deux tiers pour conserver une plante compacte et vigoureuse.

Récolte

On cueille les feuilles de juillet à septembre, en coupant des tiges entières.

Conservation

Elles peuvent être séchées à l'ombre ou macérées dans du vinaigre pour le parfumer.

Utilisation

Les feuilles ont une saveur amère, légèrement anisée et poivrée. Émincez-les pour agrémenter salades, volailles, grillades et farces. Leur infusion est tonifiante, digestive et vermifuge, en compresse, elle soulage les piqûres d'insectes. Au jardin, c'est un excellent insecticide en purin, notamment contre les pucerons.

Espèces et variétés

En dehors de l'espèce type, il existe quelques variétés, comme 'Lambrook Silver' au feuillage plus gris. Ainsi que plusieurs autres espèces aromatiques comme l'aurone (*A. abronatum*) aux feuilles gris vert et à la saveur citronnée amère, l'armoise commune (*A. vulgaris*) à feuillage vert foncé ou encore l'absinthe romaine (*A. pontica*) de taille plus petite.

Placez dans les armoires des bouquets secs pour parfumer le linge et éloigner les mites.

Achillée millefeuille

Achillea millefolium • Astéracées • VIVACE

Propriétés
Antispasmodique, apéritive, cicatrisante, digestive.

Parties utilisées
Feuilles, fleurs.

Dimensions
Hauteur : 50-100 cm
Largeur : 40-60 cm

Emplacement
Pleinement ensoleillé, dans un sol riche, léger et sec.

Densité
4 à 6 pieds/m².

Maladies et parasites
Oïdium, pucerons.

	J	F	M	A	M	J	J	A	S	O	N	D
Semis sous abri								■	■			
Plantation			■	■					■	■		
Récolte						■	■	■				

Semis sous abri — Récolte — Plantation

Vivace au feuillage caduc vert foncé finement découpé, l'achillée millefeuille forme une touffe compacte avec de grandes tiges terminées de juin à septembre par de petites fleurs blanches.

Semis et plantation

Le semis s'effectue sous abri à partir de graines récoltées en fin d'été, mais la levée peut être longue et aléatoire. Installez plutôt en mars-avril ou en septembre-octobre de jeunes plants achetés dans le commerce ou prélevés sur un pied déjà en place.

Entretien

N'arrosez qu'en cas de sécheresse ou de fortes chaleurs. Supprimez régulièrement les fleurs fanées pour favoriser une nouvelle floraison. Rabattez la touffe à l'automne après la floraison. Divisez le pied tous les trois ou quatre ans au printemps pour le rajeunir.

Récolte

Prélevez les jeunes feuilles entre juin et août, les fleurs en début de floraison.

Conservation

Les deux peuvent être séchées et conservées dans du vinaigre.

Utilisation

Utilisez-les en petites quantités en raison de leur saveur légèrement amère, entre la menthe et la carotte, pour parfumer salades, omelettes et sauces. Leur infusion aide à lutter contre les rhumes et les problèmes digestifs. Les feuilles fraîches trempées dans l'eau chaude et utilisées en cataplasme cicatrisent les petites coupures.

Espèces et variétés

En plus de l'espèce type, il existe des variétés à fleurs colorées comme 'Cerise Queen' rouges, 'Wesersandstein' rosées, 'Moonshine' jaunes, 'Feuerland' orangées. On trouve aussi d'autres espèces comme *A. filipendulina* et *A. tomentosa* à la floraison jaune dorée.

Ses propriétés cicatrisantes lui valent aussi le nom d'herbe aux coupures.

Agastache

Agastache foeniculum • Lamiacées • VIVACE

L'agastache est une plante vivace buissonnante qui développe un feuillage caduc dentelé et duveteux vert clair, ornée de juillet à septembre d'une abondante floraison en épis de couleur bleu violacé.

Propriétés
Antiseptique, calmante, digestive, expectorante, sédative.

Parties utilisées
Feuilles, fleurs.

Dimensions
Hauteur : 60-120 cm
Largeur : 40-80 cm

Emplacement
Ensoleillé, dans un sol riche de préférence et bien drainé.

Densité
4 à 6 pieds/m^2.

Maladies et parasites
Limaces, oïdium.

J	F	M	A	M	J	J	A	S	O	N	D
	Semis sous abri	Semis sous abri	Semis sous abri								
			Plantation	Plantation	Plantation				Plantation		
			Récolte	Récolte	Récolte	Récolte	Récolte	Récolte			

Semis sous abri — Récolte — Plantation

Semis et plantation

Semez de février à avril sous abri, pour un repiquage en place après le mois de mai, une fois les dernières gelées passées et le sol réchauffé. Les plants en godets sont à installer d'avril à juin, dès octobre dans les régions à hiver doux.

Entretien

Arrosez régulièrement jusqu'au développement des fleurs en début d'été, puis seulement en cas de sécheresse. Coupez l'extrémité des tiges pour favoriser la ramification et supprimez les épis floraux fanés pour prolonger la floraison. Rabattez la touffe à ras en automne et protégez le pied avec un épais paillage.

Récolte

Les feuilles se cueillent d'avril à septembre et les fleurs en tout début de floraison.

Conservation

Elles peuvent être séchées, en suspendant les tiges en petits bouquets dans un endroit sec et bien aéré.

Utilisation

Elles possèdent une saveur anisée, avec des notes de menthe et de réglisse. Finement ciselées, elles accompagnent salades, crudités, viandes, poissons, sauces, mais aussi salades de fruits, compotes, sorbets, gâteaux. Leur infusion est efficace contre les rhumes et les troubles intestinaux. En cataplasme, les feuilles cicatrisent les petites coupures et apaisent les brûlures.

Espèces et variétés

Parmi les variétés, 'Black Adder' possède une floraison sombre, 'Golden Jubilee' un feuillage doré, 'Blue Fortune' des épis bleutés. Il existe aussi d'autres espèces, comme l'agastache rugueuse (*A. rugosa*) et la mexicaine (*A. mexicana*) à parfum de menthe et de réglisse, ou encore la rupestre (*A. rupestris*) à odeur de menthe camphrée.

On l'appelle aussi hysope anisée en raison de sa ressemblance avec cette autre plante aromatique et de son parfum.

Aneth

Anethum graveolens • Apiacées • ANNUELLE

Propriétés
Antispasmodique, carminative, digestive, diurétique.

Parties utilisées
Feuilles, graines.

Dimensions
Hauteur : 40-70 cm
Largeur : 30-50 cm

Emplacement
Il apprécie le soleil et les fortes chaleurs, et d'être installé à l'abri du vent dans un sol sec, léger, profond et bien drainé.

Densité
3 à 5 pieds/m².

Maladies et parasites
Escargots, limaces, pucerons.

	J	F	M	A	M	J	J	A	S	O	N	D
Semis en place				■	■	■						
Plantation					■	■						
Récolte						■	■	■	■	■		

Semis en place — Récolte — Plantation

Plante herbacée annuelle à tiges dressées et floraison jaune vif en ombelles de juin à août, l'aneth est cultivé pour son feuillage filiforme vert foncé et ses graines ovales brunes.

Semis et plantation

Les semis se réalisent en place après les dernières gelées et jusqu'en juin, pour une levée en dix à quinze jours. Échelonnez-les pour étaler la période de récolte. On peut aussi installer de jeunes plants en mai-juin.

Entretien

Buttez régulièrement les pieds et arrosez en cas de forte sécheresse uniquement. Taillez fréquemment l'extrémité des tiges pour éviter une montée en graines trop précoce.

Récolte

Cueillez les feuilles selon vos besoins de juin à octobre, de préférence avant la floraison pour les conserver. Les graines sont à maturité entre août et octobre, lorsqu'elles commencent à tomber au sol.

Conservation

Les feuilles sont à consommer fraîches ou à congeler hachées, car elles perdent leur saveur en séchant. Les graines se conservent sèches.

Utilisation

Toutes deux possèdent une délicate saveur anisée. Ciselez finement les feuilles pour parfumer plats à base de poisson, crudités, salades, soupes, marinades et sauces. Les graines sont utilisées notamment avec du poisson, pour aromatiser le vinaigre et le sel. L'infusion de feuilles séchées calme les maux d'estomac et les insomnies.

Espèces et variétés

Il existe plusieurs variétés intéressantes : 'Mammoth' pour ses longues tiges, 'Dukat' a une saveur prononcée, 'Tetra Gold' est très productive et vigoureuse, 'Fernleaf' possède une forme naine idéale pour la culture en pot.

Souvent confondu avec le fenouil, son parfum anisé est moins prononcé et son feuillage plus foncé.

Angélique

Angelica archangelica • **Apiacées** • BISANNUELLE

Propriétés
Antispasmodique, digestive, stimulante, tonique.

Parties utilisées
Tiges, feuilles, racines, graines.

Dimensions
Hauteur : 150-200 cm
Largeur : 60-80 cm

Emplacement
Installez-la un peu à l'écart en raison de son large développement. Elle préfère le soleil doux et l'ombre légère dans le Midi, les terres légèrement acides, riches, profondes, fraîches voire humides et bien drainées.

Densité
1 pied/m².

Maladies et parasites
Oïdium, pucerons, punaises.

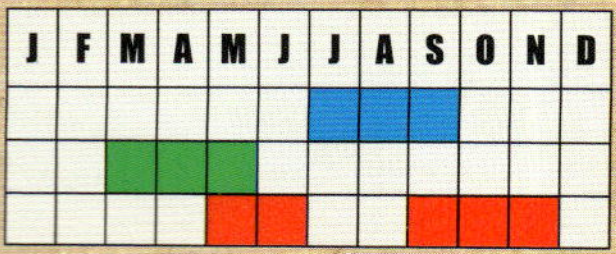

Semis en place
Récolte
Plantation

L'angélique est une plante imposante qui possède de grandes feuilles caduques vert clair et produit, la seconde année, de longues tiges épaisses surmontées, de juillet à septembre, de grosses ombelles sphériques de petites fleurs vert jaunâtre suivies de graines devenant brunes à maturité.

Semis et plantation

Semez les graines en place de juillet à septembre dès leur récolte, pour une levée en trois à quatre semaines. Plantez entre mars et mai des plants du commerce ou des rejets prélevés autour d'un pied existant.

Entretien

Paillez et arrosez régulièrement en période sèche pour maintenir un sol frais. Supprimez les feuilles mortes en fin de saison la première année. La deuxième, coupez les fleurs qui apparaissent si vous souhaitez prolonger la durée de vie du pied, et coupez les tiges au ras du sol à l'automne.

Récolte

Prélevez les jeunes feuilles en mai-juin dès la première année. À partir de la deuxième, coupez les tiges encore tendres avant la floraison, récupérez les graines en fin d'été et la racine au cours de l'automne.

Conservation

Les feuilles et les tiges sont à consommer le jour même, et peuvent être congelées après avoir été ébouillantées 1 min. Faites sécher la racine et les graines avant de les stocker dans un contenant hermétique.

Utilisation

Les feuilles finement ciselées et les graines, à la saveur piquante et musquée, sont consommées crues ou cuites pour aromatiser salades, potages, crudités et sauces. Les tiges rappellent le goût de la réglisse, elles sont utilisées confites avec du sucre ou parfument tartes et confitures. La racine est cuite à la vapeur comme un légume. L'infusion des feuilles est tonifiante et digestive.

Espèces et variétés

Seule l'espèce type est cultivée.

Laissez des graines pour que la plante se ressème naturellement.
En hiver, elles nourriront également les oiseaux qui en sont friands.

Anis vert

Pimpinella anisum • Apiacées • ANNUELLE

Propriétés
Calmante, digestive, expectorante, stimulante.

Parties utilisées
Feuilles, graines.

Dimensions
Hauteur : 40-70 cm
Largeur : 30-50 cm

Emplacement
Ensoleillé et abrité de préférence, car il aime la chaleur, même s'il tolère l'ombre légère. Le sol doit être riche, léger et bien drainé, car il redoute les excès d'eau.

Densité
10 à 15 pieds/m².

Maladies et parasites
Escargots, limaces, oïdium, pucerons.

J	F	M	A	M	J	J	A	S	O	N	D
			Semis en place	Semis en place							
			Plantation	Plantation							
				Récolte	Récolte	Récolte	Récolte	Récolte			

Semis en place — Récolte — Plantation

L'anis vert est une plante herbacée annuelle à la floraison estivale blanche en ombelles en juillet-août, cultivée pour son feuillage vert vif finement divisé et ses graines oblongues de couleur brun clair.

Semis et plantation

Effectuez les semis directement en place en avril-mai après les dernières gelées, en recouvrant les graines de 1 cm de terre fine. Ou achetez des plants à mettre en terre à la même période.

Entretien

Arrosez régulièrement dans un premier temps, ensuite seulement par temps sec. Pincez les tiges en début d'été pour favoriser la ramification.

Récolte

Les feuilles se récoltent au fur et à mesure des besoins, deux à trois mois après le semis de mai à septembre en moyenne. On récupère les graines en août-septembre avant leur complète maturité, en coupant les tiges à ras.

Conservation

Les graines doivent être séchées, les feuilles sont à consommer fraîches, car elles perdent leur saveur en séchant.

Utilisation

Finement hachées, les feuilles parfument crudités, potages, salades et légumes. Les graines, avec leur goût de réglisse, aromatisent pâtisseries, confiseries, boissons et sauces. Leur infusion facilite la digestion, calme la toux et les nausées.

Espèces et variétés

Seule l'espèce type est cultivée.

Il n'a rien à voir avec l'anis étoilé, l'autre nom de la badiane qui est une épice provenant du fruit du badanier (*Illicium verum*).

Balsamite

Tanacetum balsamita ou *Chrysanthemum balsamita*
Astéracées • VIVACE

Propriétés
Antispasmodique, carminative, cicatrisante, digestive, diurétique.

Parties utilisées
Feuilles.

Dimensions
Hauteur : 60-120 cm
Largeur : 40-60 cm

Emplacement
Elle se plaît au soleil de préférence, dans un sol profond, frais et bien drainé.

Densité
3 à 4 pieds/m².

Maladies et parasites
Aucun.

J	F	M	A	M	J	J	A	S	O	N	D
		■	■								
			■	■	■			■	■		
				■	■	■	■	■	■		

Semis sous abri (ligne 1) — Plantation (ligne 2) — Récolte (ligne 3)

Aussi appelée menthe-coq, la balsamite est une plante vivace herbacée qui produit des feuilles caduques ovales vert pâle au parfum mentholé et, de mai à juillet, une multitude de petites fleurs jaunes regroupées en bouquets.

Semis et plantation

On peut la semer sous abri en mars-avril. Mais installez plutôt un ou deux jeunes plants d'avril à juin ou en septembre-octobre.

Entretien

C'est une plante peu exigeante. Arrosez seulement en été pour maintenir le sol frais et rabattez les tiges à l'automne. Renouvelez les pieds tous les quatre ou cinq ans.

Récolte

Cueillez les jeunes feuilles selon vos besoins de mai à octobre. De préférence avant la floraison pour les conserver.

Conservation

Faites-les sécher en les étalant sur un grillage à l'ombre, avant de les mettre dans un récipient hermétique à l'abri de la lumière et de l'humidité.

Utilisation

Leur goût est proche de la menthe avec une pointe d'amertume. Elles agrémentent salades, crudités, soupes et farces. Leur infusion est efficace contre la toux et les problèmes digestifs. Froissez les feuilles fraîches avant de les appliquer sur les piqûres d'insectes, les ecchymoses et les écorchures, elles ont un effet cicatrisant.

Espèces et variétés

Seule l'espèce type est cultivée.

Utilisez les feuilles séchées en pot-pourri ou dans une armoire pour parfumer le linge.

Basilic

Ocimum basilicum • Lamiacées • ANNUELLE

Appelé pistou dans le Midi, le basilic est une plante herbacée annuelle formant une touffe compacte à tiges fines portant des feuilles ovales au parfum puissant et surmontées en été de petites fleurs rosées en épis.

Propriétés
Antiseptique, calmante, digestive, diurétique, stimulante, tonique.

Parties utilisées
Feuilles.

Dimensions
Hauteur : 20-60 cm
Largeur : 20-40 cm

Emplacement
Particulièrement sensible au froid, il n'apprécie que les situations pleinement ensoleillées, chaudes et abritées du vent, et se plaît dans les sols riches, légers, frais et bien drainés.

Densité
5 à 7 pieds/m².

Maladies et parasites
Oïdium, pourriture grise.

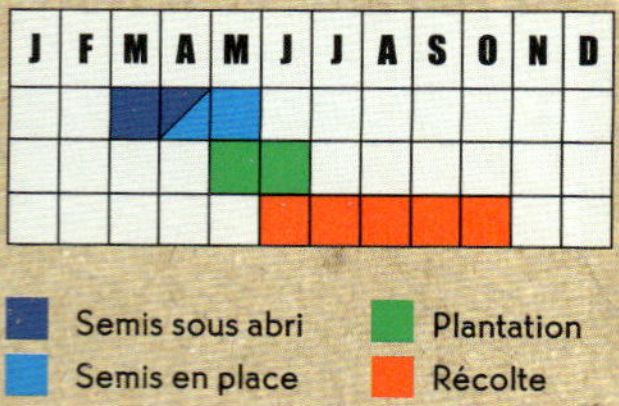

Semis et plantation

Semez-le en mars-avril sous abri à une température d'au moins 20°C. Dans le Midi vous pouvez semer directement en place en avril-mai. Tassez simplement les graines à la surface, pour une levée en six à dix jours. Repiquez en place ou installez les jeunes plants du commerce en mai-juin, une fois les dernières gelées passées et le sol réchauffé.

Entretien

Ne laissez pas la terre s'assécher, arrosez fréquemment mais en petites quantités sans mouiller le feuillage, presque quotidiennement en été. Pincez l'extrémité des tiges quand elles atteignent 15 cm pour favoriser la ramification. Puis régulièrement pour éviter la floraison et stimuler la production de nouvelles feuilles.

Récolte

La cueillette des feuilles commence trois mois environ après le semis, quand le plant a développé plusieurs tiges, en les coupant au ras du sol. Elle se prolonge jusqu'aux premières gelées en terre, tout l'hiver en pot à l'intérieur.

Conservation

Consommez les feuilles fraîches de préférence, en séchant elles perdent une partie de leur arôme. Pour les conserver, hachez-les grossièrement avant de les congeler ou placez-les entières dans de l'huile ou du vinaigre pour les aromatiser.

Utilisation

Elles possèdent une délicate saveur épicée et fraîche. Ajoutez-les au moment de servir pour parfumer tomates, crudités, pâtes, poissons et sauces (pesto italien). Leur infusion a des vertus digestives et calmantes, mais aussi antiseptiques appliquées en cataplasme sur des petites plaies.

Espèces et variétés

Les variétés traditionnelles possèdent de grandes feuilles vertes comme 'Grand Vert', 'Marseillais' un peu plus compact, 'Genovese' au parfum intense, 'Mammouth' à grandes feuilles gaufrées. Il en existe aussi à feuillage pourpre, comme 'Purpureum' à la saveur légèrement poivrée, 'Purple Ruffles' aux longues feuilles dentelées, 'Dark Opal' à feuilles très foncées. Et d'autres aux saveurs originales comme 'Cinnamon' au parfum de cannelle, 'Citron' légèrement citronné, 'Thaï' à la saveur anisée. En pot, préférez les variétés à port compact et feuilles fines comme 'Fin Vert' et 'Latino'.

Suivez cette formule et installez-le « la tête au chaud et les pieds au frais ».

Bourrache

Borago officinalis • Borraginacées • ANNUELLE

Plante herbacée annuelle, la bourrache possède de grandes tiges souples et de larges feuilles couvertes de poils raides, portant de mai à septembre des fleurs en forme d'étoiles de couleur bleu ciel.

Propriétés
Apaisante, cicatrisante, diurétique, émolliente, sudorifique.

Parties utilisées
Feuilles, fleurs.

Dimensions
Hauteur : 40-70 cm
Largeur : 30-40 cm

Emplacement
À l'ombre légère ou au soleil doux, car elle n'apprécie pas les fortes chaleurs. Avec un sol riche, profond, lourd et bien drainé, qui reste frais en été.

Densité
4 à 6 pieds/m².

Maladies et parasites
Escargots, limaces, oïdium.

	J	F	M	A	M	J	J	A	S	O	N	D
Semis en place				■	■	■						
Plantation				■	■	■	■					
Récolte					■	■	■	■	■			

Semis en place — Récolte — Plantation

Semis et plantation

Semez en place entre avril et juin, en enterrant les graines de 2 ou 3 cm. Installez les plants quand les gelées ne sont plus à craindre, à partir d'avril-mai selon les régions et jusqu'en juillet.

Entretien

Elle ne demande aucun soin particulier et se ressème spontanément, ce qui peut la rendre envahissante. N'hésitez donc pas à couper les fleurs dès qu'elles commencent à faner.

Récolte

De mai à septembre, cueillez les jeunes feuilles qui sont encore tendres et les fleurs pleinement épanouies.

Conservation

Leur séchage est délicat, conservez-les plutôt au congélateur ou dans du vinaigre.

Utilisation

Les feuilles dégagent un arrière-goût de concombre. Finement émincées elles agrémentent une salade ou une omelette, entières elles se consomment cuites en légume. Les fleurs ont une saveur iodée, elles apportent une note surprenante et colorée aux salades, dans une farce, une sauce ou conservées dans du sucre. L'infusion des feuilles et des fleurs calme les maux d'estomac et a un effet sudorifique contre les rhumes. Les feuilles appliquées en cataplasme sur les affections cutanées et les petites plaies ont des propriétés apaisantes et cicatrisantes. C'est aussi au jardin un excellent engrais vert et un répulsif en purin contre les limaces et les escargots.

Espèces et variétés

En plus de l'espèce type, il existe la variété 'Alba' à fleurs blanches.

Une fois installée, on la retrouve ensuite à divers endroits du jardin, car les fourmis transportent ses graines.

Brède mafane

Acmella oleracea ou *Spilanthes acmella*
Astéracées • ANNUELLE

Propriétés
Anti-inflammatoire, anesthésique, digestive, diurétique.

Parties utilisées
Feuilles, fleurs.

Dimensions
Hauteur : 10-20 cm
Largeur : 30-40 cm

Emplacement
Elle apprécie uniquement les expositions ensoleillées et chaudes, ainsi que les terres riches, profondes, fraîches et très drainantes, car elle déteste les excès d'eau.

Densité
8 à 10 pieds/m².

Maladies et parasites
Escargots, limaces.

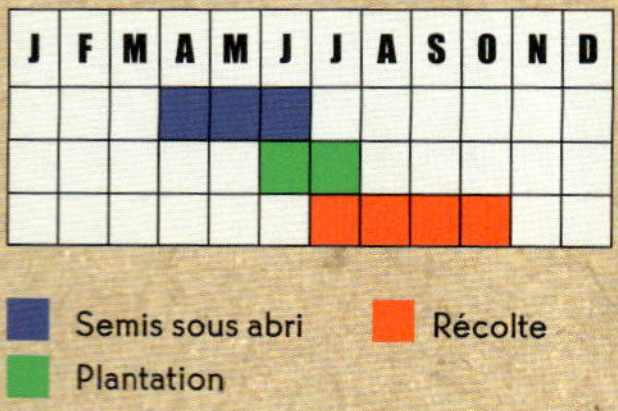

Aussi appelée cresson de Para, cette plante annuelle à tiges rampantes possède des feuilles vertes ovales et charnues, et développe d'août à octobre une floraison en forme de cône de couleur jaune vif.

Semis et plantation

On la sème d'avril à juin sous abri. Attendez juin-juillet que les températures soient douces pour repiquer en place ou installer des plants du commerce.

Entretien

Pincez l'extrémité des tiges pour que la plante se ramifie. Paillez pour conserver la fraîcheur du sol. Arrosez modérément mais de façon régulière en été.

Récolte

La cueillette des feuilles et des fleurs commence deux mois environ après le semis, et peut se prolonger jusqu'en octobre.

Conservation

Elles se consomment fraîches de préférence.

Utilisation

Leur saveur poivrée donne une forte sensation de picotements et de chaleur, et un étonnant effet anesthésiant sur la langue. Utilisez-les avec parcimonie, surtout les fleurs qui sont très piquantes. Crues pour relever salades, soupes, riz, sauces, viandes et ragoûts, ou cuites en légumes. Leur infusion est digestive mais aussi anti-inflammatoire et anesthésique. Essayez-la en gargarismes dans le cas d'affections buccales.

Espèces et variétés

Une variante de l'espèce type existe, avec des fleurs jaunes à la pointe rouge et un feuillage plus foncé.

Très utilisée à Madagascar et dans tout l'océan Indien, son nom peut se traduire par « herbe chaude ».

Capucine

Tropaeolum majus • Tropaéolacées • ANNUELLE

Propriétés
Antiseptique, diurétique, expectorante, stimulante.

Parties utilisées
Feuilles, boutons floraux, fleurs, graines.

Dimensions
Hauteur : 30-300 cm
Largeur : 50-200 cm

Emplacement
Chaud et ensoleillé de préférence, dans un sol léger, frais et bien drainé.

Densité
4 à 8 pieds/m^2.

Maladies et parasites
Escargots, limaces, pucerons.

Semis sous abri
Semis en place
Plantation
Récolte

Entièrement comestible, la capucine est pourtant essentiellement utilisée comme plante ornementale couvre-sol ou grimpante pour ses feuilles arrondies vert tendre et ses fleurs colorées et lumineuses jaune orangé ou rouge qui s'épanouissent de juin jusqu'aux premières gelées.

Semis et plantation

Laissez tremper les graines une journée dans l'eau. Puis semez sous abri dès mars-avril ou en place après les dernières gelées, par groupes de trois à cinq graines. La plantation de jeunes sujets a lieu de mai à septembre.

Entretien

Arrosez en cas de fortes chaleurs. Supprimez les fleurs fanées pour favoriser de nouvelles floraisons.

Récolte

Cueillez les fleurs et les jeunes feuilles au fur et à mesure des besoins entre juin et octobre, les graines à maturité en fin de saison.

Conservation

Il est préférable de les utiliser fraîchement cueillies, même si les feuilles peuvent être congelées.

Utilisation

Les fleurs et les feuilles apportent aux salades une note légèrement poivrée. Les boutons floraux et les graines peuvent remplacer les câpres dans du vinaigre. L'infusion des fleurs ou des graines fraîches broyées a des vertus antiseptiques et stimulantes. Froide, elle peut s'utiliser en lotion pour purifier la peau.

Espèces et variétés

Il existe de nombreuses variétés, parmi lesquelles 'Red Wonder' à fleurs rouges, 'Alaska' à feuillage panaché, 'Double Delight Cream' à fleurs doubles. Ainsi que d'autres espèces, comme la capucine naine (*T. nanum*) compacte et idéale en pot, celle des Canaries (*T. peregrinum*) aux fleurs jaunes finement découpées, la capucine élégante (*T. speciosum*) vivace mais frileuse aux petites fleurs rouge vif, la tubéreuse (*T. tuberosum*) à tubercules comestibles.

Elle attire irrésistiblement les pucerons, placez-la au pied de plantes qui y sont particulièrement sensibles (rosier, arbre fruitier, chou, fève, haricot).

Carvi

Carum carvi · Apiacées · BISANNUELLE

Propriétés
Apaisante, carminative, digestive, stimulante.

Parties utilisées
Feuilles, graines, racines.

Dimensions
Hauteur : 30-70 cm
Largeur : 15-30 cm

Emplacement
Ensoleillé, dans un sol riche, léger, profond, frais et bien drainé.

Densité
8 à 10 pieds/m².

Maladies et parasites
Aucun.

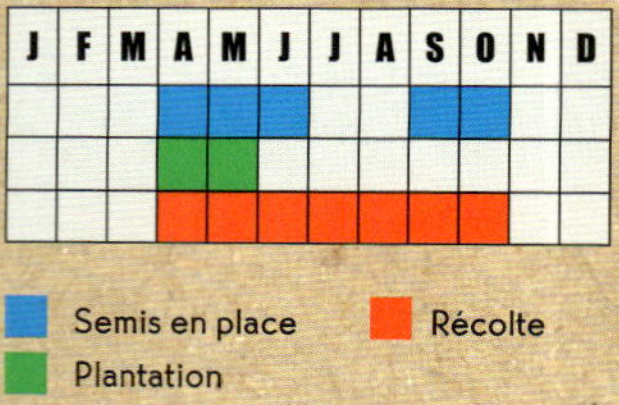

Le carvi est une plante herbacée bisannuelle cultivée principalement pour ses graines allongées de couleur brun foncé très parfumées, qui possède un feuillage caduc vert vif finement découpé et de petites fleurs blanches qui apparaissent la seconde année au printemps.

Semis et plantation

Le semis est à réaliser en place d'avril à juin, et en septembre-octobre. Disposez les graines à 1 cm de profondeur et maintenez la terre humide jusqu'à la levée qui intervient en une dizaine de jours. Les plants du commerce sont à installer de préférence en avril-mai.

Entretien

Paillez pour conserver en permanence une terre fraîche et arrosez par temps sec. Rabattez les tiges à 10 cm du sol en automne la première année. L'année suivante, laissez-le se ressemer tout seul et arrachez les pieds en excédent, car il peut vite devenir envahissant.

Récolte

Les premières feuilles se cueillent environ trois mois après les semis de printemps, l'année suivante dès avril pour ceux d'automne. Les graines sont récupérées la deuxième année à la fin du printemps quand elles commencent à brunir, en coupant les tiges au ras du sol. Profitez-en pour déterrer les racines.

Conservation

Entourez les tiges d'un sac en papier et suspendez-les la tête en bas pour récupérer les graines et les faire sécher avant de les placer dans un récipient hermétique. Les feuilles se consomment fraîches.

Utilisation

Les graines et les feuilles ont un délicat goût anisé et citronné. Utilisez les feuilles fraîches pour parfumer salades, crudités et légumes. Les graines séchées entières ou moulues pour aromatiser soupes, viandes, charcuterie, plats à base de chou, fromages et pâtisseries. En infusion, elles apaisent les troubles digestifs et les maux de gorge. Les racines ont un léger goût de carotte, elles peuvent se consommer cuites en légume.

Espèces et variétés

Seule l'espèce type est cultivée.

Il est souvent confondu avec le cumin, ce qui lui vaut le surnom de cumin des prés.

Cerfeuil

Anthriscus cerefolium • Apiacées • ANNUELLE

Le cerfeuil dit commun ou cultivé est une plante herbacée annuelle cultivée pour son feuillage caduc vert tendre finement découpé et dentelé, produisant en été des ombelles de petites fleurs blanches.

Propriétés
Adoucissante, apéritive, dépurative, digestive, diurétique, stimulante.

Parties utilisées
Feuilles.

Dimensions
Hauteur : 30-70 cm
Largeur : 10-20 cm

Emplacement
À l'ombre légère ou au soleil s'il n'est pas direct en été, dans une terre riche, légère et fraîche.

Densité
10 à 15 pieds/m².

Maladies et parasites
Mildiou, pucerons.

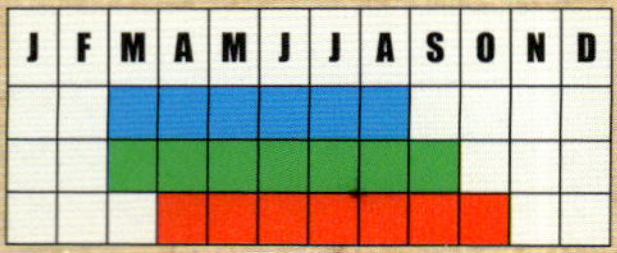

Semis en place
Plantation
Récolte

Semis et plantation

Les semis s'effectuent de préférence en place, à partir de mars jusqu'en août, en recouvrant à peine les graines de terre. Renouvelez-les toutes les deux ou trois semaines pour étaler les récoltes. Vous pouvez aussi planter de jeunes plants en godets de mars à septembre.

Entretien

Arrosez régulièrement pour maintenir une terre fraîche, et ombrez si besoin en été pour qu'il ne monte pas trop rapidement en graines. Pincez l'extrémité des tiges pour favoriser le développement du feuillage. Laissez quelques tiges monter en graines pour que la plante se ressème toute seule, elle disparaîtra ensuite au cours de l'automne.

Récolte

Les feuilles se cueillent d'avril jusqu'aux premières gelées, en moyenne quatre à six semaines après le semis, en coupant les tiges au niveau du sol au fur et à mesure des besoins.

Conservation

Placez-les quelques jours au réfrigérateur dans du papier absorbant. En séchant, elles perdent de leur arôme, faites-les plutôt congeler pour les conserver plus longtemps.

Utilisation

D'une saveur délicatement anisée, finement émincées et ajoutées au dernier moment dans les plats chauds, elles parfument potages, crudités, salades, omelettes, sauces, grillades, poissons et légumes. On les utilise aussi en décoction pour soulager les yeux irrités et comme antirides, en cataplasme chaud contre les rhumatismes.

Espèces et variétés

En plus du commun à feuilles plates qui est le plus courant, il existe un cerfeuil frisé, moins parfumé et plus compact.

Souvent confondu avec le persil plat au potager, sous sa forme sauvage il ressemble à la petite ciguë qui est une plante toxique.

Cerfeuil musqué

Myrrhis odorata • **Apiacées** • **VIVACE**

Propriétés
Dépurative, digestive, expectorante, tonique.

Parties utilisées
Feuilles, graines, racines.

Dimensions
Hauteur : 80-150 cm
Largeur : 60-80 cm

Emplacement
Ses feuilles jaunissent au soleil, offrez-lui une exposition ombragée, ainsi qu'une terre riche, légère, profonde et fraîche, voire humide.

Densité
1 à 2 pieds/m².

Maladies et parasites
Limaces.

	J	F	M	A	M	J	J	A	S	O	N	D
Semis en place										■	■	
Plantation			■	■	■	■			■	■		
Récolte					■	■	■	■	■	■		

Semis en place · Récolte · Plantation

Le cerfeuil musqué possède de grandes feuilles vert clair caduques finement découpées comme celles des fougères, surmontées de larges ombelles de petites fleurs blanches de juin à août suivies de fruits allongés bruns et brillants.

Semis et plantation

Le semis, à réaliser en place à l'automne, est difficile en raison de la lenteur de la germination des graines qui ont besoin de froid. Il est préférable de planter de jeunes sujets du commerce de mars à juin ou en septembre-octobre, ou des morceaux de racine prélevés sur un pied déjà en place.

Entretien

Supprimez les fleurs dès leur apparition pour favoriser le développement des feuilles. Arrosez régulièrement, en particulier à la saison sèche. Rabattez la touffe au ras du sol en automne et couvrez-la d'un paillage. N'hésitez pas à supprimer les rejets qui ont tendance à se développer en périphérie et qui rendent la plante un peu envahissante.

Récolte

Cueillez les feuilles au fur et à mesure des besoins de mai à octobre. Récupérez les graines quand elles brunissent en fin d'été et les racines à l'automne.

Conservation

Consommez les feuilles fraîches, car elles perdent leurs qualités au séchage, sinon congelez-les, et faites sécher les graines.

Utilisation

La saveur douce et anisée des feuilles aromatise salades, crudités, soupes, légumes cuits mais aussi salades de fruits, compotes et confitures. Leur infusion est tonifiante, expectorante et digestive. Les graines ont un léger goût de noix, elles parfument salades de fruits et gâteaux. Les jeunes racines sont consommées cuites comme un légume ou macérées dans du vinaigre.

Espèces et variétés

Seule l'espèce type est cultivée.

On l'appelle aussi cerfeuil perpétuel, en opposition au cerfeuil commun qui est annuel.

Ciboulette

Allium schoenoprasum • Liliacées • VIVACE

Propriétés
Apéritive, digestive, diurétique, expectorante, stimulante.

Parties utilisées
Feuilles.

Dimensions
Hauteur : 20-30 cm
Largeur : 15-20 cm

Emplacement
Ensoleillé à semi-ombragé, dans un sol riche, léger, frais et bien drainé.

Densité
10 à 12 pieds/m².

Maladies et parasites
Jaunissement des feuilles, mouche de l'oignon, pucerons.

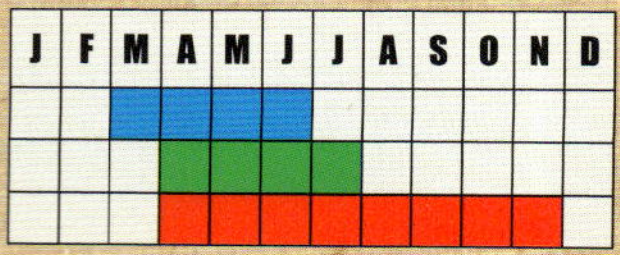

Semis en place
Récolte
Plantation

Aussi appelée civette, la ciboulette est une vivace herbacée bulbeuse reconnaissable à ses touffes de feuilles semi-persistantes creuses et effilées de couleur vert tendre, terminées de mai à juillet par des petites fleurs rose violacé réunies en ombelles sphériques.

Semis et plantation

Le semis est possible directement en place entre mars et juin. Mais installez plutôt d'avril à juillet de jeunes plants du commerce ou des bulbes prélevés sur des pieds existants.

Entretien

Maintenez la terre fraîche par des arrosages fréquents en période estivale. Supprimez les fleurs régulièrement pour que la plante ne s'épuise pas et éviter la montée en graines. Son feuillage disparaît en hiver, vous en profiterez pour apporter un peu de compost ou de fumier. Divisez la touffe tous les deux ou trois ans à l'automne pour la rajeunir et qu'elle reste productive.

Récolte

Une récolte régulière stimule la production de nouvelles feuilles et permet au pied de se régénérer. Cueillez les feuilles selon vos besoins en les coupant au niveau du sol. D'avril jusqu'aux premières gelées, voire tout l'hiver s'il est doux ou la touffe protégée.

Conservation

Elles se consomment fraîches, en séchant elles perdent de leur goût. Pour les conserver il est préférable de les congeler après les avoir ciselées.

Utilisation

Les feuilles, aux vertus apéritives et digestives, accompagnent avec leur saveur délicate d'ail et d'oignon frais salades, crudités, omelettes, légumes cuits, soupes, sauces et fromage frais. Ajoutez-les au dernier moment sur les plats chauds.

Espèces et variétés

Des variétés existent à fleurs blanches ('Album') et pourpres ('Forescate') notamment. Le genre comprend également d'autres espèces aromatiques comme la ciboule (*A. fistulosum*) aux feuilles épaisses dont la saveur rappelle l'oignon en plus doux, la ciboule de Chine ou ciboulail (*A. tuberosum*) au goût plus proche de l'ail, l'ail des ours (*A. ursinum*) aux grandes feuilles et aux bulbes comestibles.

Les fleurs sont également comestibles et apportent une touche originale aux salades.

Citronnelle

Cymbopogon citratus • Poacées • VIVACE

Propriétés
Antispasmodique, calmante, digestive, sédative.

Parties utilisées
Feuilles.

Dimensions
Hauteur : 70-150 cm
Largeur : 40-60 cm

Emplacement
Dans un endroit chaud, ensoleillé et abrité du vent, un sol léger, toujours frais et bien drainé. Elle ne supporte pas les températures inférieures à 10 °C, en dehors du Midi, il est recommandé de la cultiver en pot.

Densité
2 à 3 pieds/m².

Maladies et parasites
Oïdium, rouille.

J	F	M	A	M	J	J	A	S	O	N	D
				Plantation	Plantation	Plantation	Plantation	Plantation			
					Récolte	Récolte	Récolte	Récolte	Récolte		

Plantation — Récolte

La citronnelle est une graminée vivace d'origine tropicale particulièrement frileuse souvent cultivée comme annuelle pour ses tiges charnues et ses longues feuilles étroites persistantes vertes qui dégagent un fort parfum citronné.

Plantation

En pleine terre, attendez que les gelées soient passées et que le sol soit bien réchauffé pour planter. En pot, l'installation des plants peut avoir lieu entre mai et septembre. Choisissez des contenants profonds et d'au moins 30 cm de diamètre, à remplir de terreau et d'un peu de sable.

Entretien

En pot comme en pleine terre, pratiquez des arrosages réguliers pendant toute la période de végétation et réduisez-les au minimum en hiver. Retirez les feuilles qui jaunissent en fin de saison mais ne taillez les tiges qu'à la sortie de l'hiver. Les plantes en pot doivent impérativement être rentrées avant l'arrivée du froid, dans un local hors gel lumineux et à une température minimale de 10 °C. Celles restant en place seront protégées par un épais paillage.

Récolte

Les tiges se récoltent individuellement de juin à octobre, en les coupant à la base.

Conservation

Tiges et feuilles peuvent être séchées ou congelées.

Utilisation

Ciselez les feuilles et coupez la partie renflée en rondelles. Elles ont une intense saveur citronnée et fraîche. Incontournable dans la cuisine asiatique, la citronnelle parfume salades, crudités, riz, soupes, marinades, sauces, poissons, viandes. L'infusion des feuilles est rafraîchissante, calmante et digestive.

Espèces et variétés

Seule l'espèce type est cultivée.

Placez des pots de citronnelle sur les rebords de fenêtre pour éloigner les moustiques.

Coriandre

Coriandrum sativum • Apiacées • ANNUELLE

Propriétés
Antispasmodique, apéritive, carminative, digestive, stomachique.

Parties utilisées
Feuilles, graines.

Dimensions
Hauteur : 40-80 cm
Largeur : 20-30 cm

Emplacement
Chaud et ensoleillé, à l'abri du vent, le sol devant être riche, léger et bien drainé.

Densité
10 à 12 pieds/m².

Maladies et parasites
Pucerons, rouille.

Plante herbacée annuelle au feuillage vert vif arrondi et finement découpé, la coriandre développe de juin à août de fines fleurs blanches suivies en fin d'été de petits fruits ronds brun clair très parfumés.

Semis et plantation

Le semis a lieu dès mars sous abri pour un repiquage un mois plus tard. Ou après les dernières gelées jusqu'en juillet directement en place, pour une levée une dizaine de jours plus tard. Espacez les semis toutes les trois ou quatre semaines pour étaler les récoltes. Installez les plants du commerce entre mai et juillet.

Entretien

Arrosez modérément, plus copieusement en cas de fortes chaleurs. Supprimez les boutons floraux dès qu'ils apparaissent pour éviter que la plante monte prématurément en graines. En fin d'été, laissez les graines se développer sur un ou deux pieds si vous voulez qu'ils se ressèment tout seuls avant de les arracher.

J	F	M	A	M	J	J	A	S	O	N	D
		Semis sous abri	Semis en place	Semis en place	Semis en place	Semis en place					
				Plantation	Plantation	Plantation					
					Récolte	Récolte	Récolte	Récolte			

Semis sous abri · Plantation · Semis en place · Récolte

Récolte

Commencez la cueillette des feuilles deux mois environ après le semis, quand les tiges font 10 à 15 cm de haut en les coupant à ras du sol. Les graines se récoltent à maturité en août-septembre, dès qu'elles brunissent et que les premières commencent à tomber.

Conservation

Les feuilles se consomment fraîches, car elles perdent rapidement leur saveur en séchant. Il est préférable de les congeler pour les conserver, au contraire des graines qui sont à faire sécher.

Utilisation

Les feuilles possèdent un goût frais et piquant. Elles accompagnent salades et crudités, et, ajoutées en toute fin de cuisson potages, poissons, viandes et sauces. Les graines, à la saveur épicée et fruitée, ont des vertus digestives et apéritives. Entières ou moulues, elles aromatisent soupes, sauces, farces, plats de poissons et de viandes. L'infusion de feuilles et de graines est digestive et stimulante.

Espèces et variétés

On cultive généralement l'espèce type, mais il existe plusieurs variétés comme 'Eagle', 'Cilantro' ou 'Jantar' à la montée en graines tardive.

Les racines peuvent également être utilisées, comme dans la cuisine asiatique, pour parfumer soupes, bouillons et légumes secs.

Cumin

Cuminum cyminum • Apiacées • ANNUELLE

Propriétés
Antispasmodique, carminative, digestive.

Parties utilisées
Graines.

Dimensions
Hauteur : 30-50 cm
Largeur : 20-30 cm

Emplacement
Ensoleillé et chaud pour qu'il puisse se développer convenablement et produire des graines en fin de saison, dans un sol riche, léger, plutôt acide et frais.

Densité
10 à 15 pieds/m².

Maladies et parasites
Escargots, limaces, mouche de la carotte.

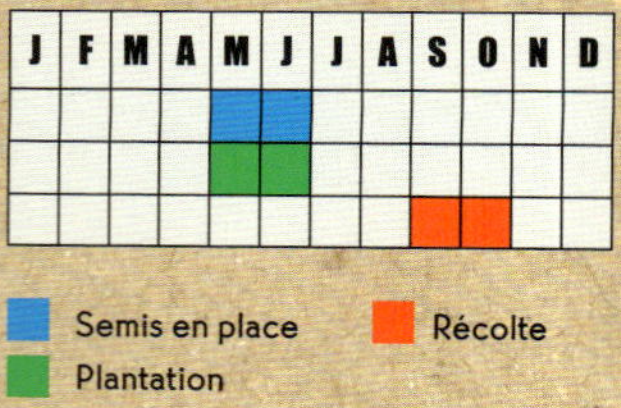

Cultivé pour ses petites graines brunes allongées, le cumin est une plante herbacée annuelle aux feuilles effilées vert foncé, sa floraison apparaissant en ombelles de petites fleurs blanc rosé en juillet-août.

Semis et plantation

Entre mai et juin, semez directement en place de préférence, car il supporte mal d'être repiqué. Ou installez de jeunes plants en godets du commerce.

Entretien

Paillez au pied et arrosez uniquement en cas de sécheresse.

Récolte

Les graines se récoltent entre septembre et octobre, en moyenne trois à quatre mois après le semis, quand elles commencent à jaunir et se détachent facilement.

Conservation

Après avoir coupé les tiges, suspendez-les la tête en bas au-dessus d'une cagette pour les faire sécher et en faire tomber les graines. Conservez-les ensuite dans un récipient hermétique.

Utilisation

Elles ont une saveur puissante et légèrement amère. Moulues ou entières, elles aromatisent soupes, poissons, ragoûts, sauces, fromages, pâtisseries et pains.

Espèces et variétés

Seule l'espèce type est cultivée.

Les feuilles peuvent également être utilisées ciselées pour accompagner crudités et salades, leur infusion est digestive et carminative.

Épazote

Dysphania ambrosioides ou *Chenopodium ambrosioides*
Chénopodiacées • ANNUELLE

Propriétés
Antispasmodique, carminative, digestive, stomachique, vermifuge.

Parties utilisées
Feuilles.

Dimensions
Hauteur : 40-80 cm
Largeur : 40-50 cm

Emplacement
Elle préfère le soleil mais tolère la mi-ombre, les sols légers et bien drainés.

Densité
4 à 5 pieds/m².

Maladies et parasites
Chenilles, escargots, limaces.

	J	F	M	A	M	J	J	A	S	O	N	D
Semis en place				■	■	■						
Plantation				■	■	■						
Récolte						■	■	■	■	■		

Semis en place — Récolte — Plantation

L'épazote est une plante annuelle à tiges vigoureuses possédant de larges feuilles dentelées qui dégagent une très forte odeur et une floraison estivale vert jaunâtre, regroupées en longs épis.

Semis et plantation

Semez les graines directement en place d'avril à juin, pour une levée en moins de huit jours. Ou installez de jeunes plants à la même période.

Entretien

Paillez et arrosez en été pour conserver un sol toujours frais. Coupez les hampes florales pour éviter qu'elles se développent au détriment du feuillage et la dispersion des graines.

Récolte

Commencez à prélever les feuilles deux mois après le semis, dès que le pied atteint 20 cm de haut, puis au fur et à mesure jusqu'en octobre.

Conservation

Par séchage, leur goût est alors moins fort.

Utilisation

Elles possèdent une surprenante saveur piquante et rafraîchissante de menthe camphrée et des vertus digestives. Utilisez-les à petites doses pour relever soupes, salades, viandes, poissons et plats mijotés. Leur infusion est un excellent vermifuge et soulage les infections respiratoires.

Espèces et variétés

Seule l'espèce type est cultivée.

Très répandue dans la cuisine mexicaine, elle est notamment indispensable au chili con carne.

Estragon

Artemisia dracunculus • **Astéracées** • VIVACE

Propriétés
Antispasmodique, apéritive, calmante, digestive, diurétique, stimulante.

Parties utilisées
Feuilles.

Dimensions
Hauteur : 50-100 cm
Largeur : 40-60 cm

Emplacement
Ensoleillé même s'il peut supporter l'ombre partielle, dans un sol riche, léger, frais et bien drainé.

Densité
2 à 3 pieds/m².

Maladies et parasites
Oïdium, pucerons, rouille.

J	F	M	A	M	J	J	A	S	O	N	D
			■	■							
				■	■	■	■	■	■		

■ Plantation (vert) ■ Récolte (orange)

L'estragon est une plante vivace arbustive dont les tiges dressées portent des feuilles semi-persistantes parfumées vert clair longues et étroites, et sont surmontées de petites fleurs blanchâtres de juin à août.

Plantation

En avril-mai, installez des plants en godets ou prélevez de jeunes pousses sur un pied existant.

Entretien

Prenez soin, surtout en été, de maintenir une fraîcheur constante sinon les feuilles vont jaunir. Pincez l'extrémité des tiges pour éviter une éventuelle floraison et favoriser le développement du feuillage. Rabattez les tiges au ras du sol fin octobre, et protégez la souche par un épais paillage.

Récolte

Coupez les tiges au gré des besoins de mai jusqu'aux premières gelées. Avant la floraison quand elles sont encore tendres pour les conserver.

Conservation

Les feuilles se consomment de préférence fraîches, car elles perdent en partie leur arôme en séchant. Pour les conserver, choisissez la congélation ou placez les tiges entières dans du vinaigre ou de l'huile.

Utilisation

Elles ont une saveur légèrement âpre et anisée. On les utilise crues pour parfumer salades, crudités, poissons, viandes, légumes cuits, farces et dans la composition de sauces. Ainsi qu'en infusion pour leurs vertus digestives et calmantes.

Espèces et variétés

Pour la cuisine, préférez l'estragon dit « français », beaucoup plus parfumé et savoureux que celui « de Russie » (*A. dracunculoides*), mais qui est moins rustique et ne se sème pas.

Divisez le pied tous les trois à cinq ans pour qu'il reste compact et vigoureux.

Fenouil

Foeniculum vulgare • Apiacées • VIVACE

Propriétés
Antispasmodique, apéritive, digestive, expectorante.

Parties utilisées
Tiges, feuilles, graines.

Dimensions
Hauteur : 70-200 cm
Largeur : 40-60 cm

Emplacement
Pleinement ensoleillé et chaud, dans une terre légère, profonde et bien drainée.

Densité
4 à 6 pieds/m^2.

Maladies et parasites
Mouche de la carotte, pucerons, rouille.

	J	F	M	A	M	J	J	A	S	O	N	D
Semis en place				■	■	■						
Plantation					■	■	■	■	■	■		
Récolte						■	■	■	■	■		

Semis en place — Récolte — Plantation

Le fenouil commun est reconnaissable à ses tiges élancées et robustes couvertes d'un feuillage caduc vert tendre finement découpé, surmontées de juin à septembre de petites fleurs jaune vif suivies de graines oblongues brunes.

Semis et plantation

On peut le semer en place d'avril à juin, et le laisser se ressemer naturellement chaque année. La plantation des jeunes plants s'effectue à partir de mai jusqu'en octobre.

Entretien

Il ne demande aucun arrosage une fois établi. Pincez seulement l'extrémité des tiges en cours de saison pour favoriser le développement du feuillage. À l'automne, rabattez les tiges près du sol et paillez le pied dans les régions à hiver froid.

Récolte

Les jeunes tiges et les feuilles se prélèvent au fur et à mesure des besoins tant qu'elles sont vertes. Les graines se récupèrent à la fin de l'été quand elles commencent à brunir.

Conservation

Consommez les tiges et les feuilles fraîches de préférence, sinon congelez-les, et faites sécher les graines. Les trois peuvent être placées dans du vinaigre pour le parfumer.

Utilisation

Les tiges et les feuilles à la saveur anisée accompagnent poissons, salades, soupes, légumes, sauces, marinades et bouillons. Les graines en infusion facilitent la digestion et soulagent les maux de gorge.

Espèces et variétés

En plus de l'espèce type on trouve aussi des variétés à feuillage pourpre comme 'Purpureum' et 'Giant Bronze', un peu moins aromatiques mais très décoratives.

Il ne doit pas être confondu avec le fenouil de Florence (*F. dulce*), moins vigoureux et cultivé uniquement pour sa base charnue consommée en légume.

Gaillet odorant

Galium odoratum ou *Asperula odorata* • **Rubiacées** • **VIVACE**

Propriétés
Antiseptique, calmante, digestive, sédative, stimulante.

Parties utilisées
Feuilles, fleurs.

Dimensions
Hauteur : 20-40 cm
Largeur : 30-40 cm

Emplacement
Offrez-lui une exposition semi-ombragée ou ombragée, car il aime la fraîcheur et l'humidité, et le soleil direct brûle son feuillage. Ainsi qu'un sol riche, léger, frais voire humide et bien drainé.

Densité
6 à 8 pieds/m^2.

Maladies et parasites
Pucerons.

	J	F	M	A	M	J	J	A	S	O	N	D
Plantation			■	■	■				■	■		
Récolte				■	■							

■ Plantation ■ Récolte

Connue aussi sous le nom d'aspérule odorante, cette petite plante vivace tapissante possède un feuillage persistant vert brillant et se couvre d'avril à juin d'une abondante floraison blanche et parfumée en forme d'étoiles.

Plantation

Plantez-le de préférence entre mars et mai, sinon en septembre-octobre.

Entretien

Maintenez le sol toujours frais par des arrosages fréquents. Taillez après la floraison pour limiter son extension, car il est particulièrement envahissant.

Récolte

Les feuilles et les fleurs se récoltent ensemble, de préférence entre avril et mai.

Conservation

Elles sont à faire sécher rapidement avant utilisation. Elles dégagent alors une agréable odeur de foin coupé.

Utilisation

On les utilise finement ciselées pour parfumer viandes grillées, gâteaux et de nombreuses boissons (jus de fruits, lait, vin, apéritif). Leur infusion est calmante, efficace contre les troubles du sommeil et les problèmes digestifs. En compresse, elle a un effet antiseptique.

Espèces et variétés

Seule l'espèce type est cultivée.

On le trouve à l'état sauvage dans les sous-bois.

Guimauve

Althaea officinalis • Malvacées • VIVACE

La guimauve est une plante vivace à tiges élancées garnies d'un feuillage caduc vert grisâtre duveteux et surmontées de juin à septembre de grandes fleurs rose pâle.

Propriétés
Adoucissante, calmante, expectorante, rafraîchissante.

Parties utilisées
Feuilles, fleurs, racines.

Dimensions
Hauteur : 120-180 cm
Largeur : 50-80 cm

Emplacement
Elle préfère les endroits ensoleillés et abrités, les sols riches, légers, profonds, frais et bien drainés.

Densité
2 à 3 pieds/m².

Maladies et parasites
Rouille.

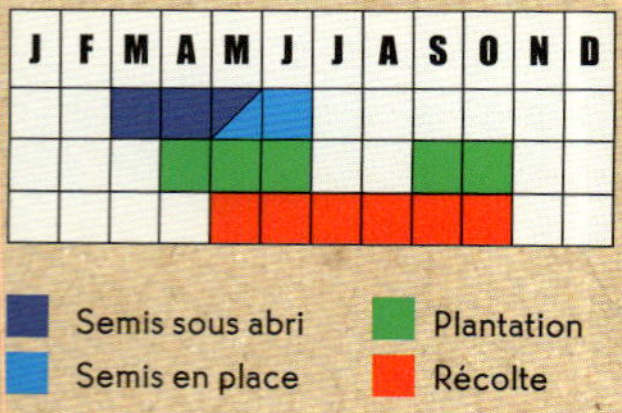

Semis et plantation

Le semis peut s'effectuer entre mars et mai sous abri, de mai à juin en place, pour une levée irrégulière en quelques semaines. Mais l'installation de jeunes plants en godets entre avril et juin ou en septembre-octobre est souvent privilégiée.

Entretien

Arrosez régulièrement dans les semaines qui suivent la plantation, puis chaque année d'avril à octobre en cas de période sèche. Paillez pour conserver la fraîcheur du sol. En fin d'automne, rabattez les tiges au ras du sol, vous pouvez laisser les feuilles tombées au pied comme un paillage pour l'hiver.

Récolte

Les feuilles se récoltent de mai à octobre, les fleurs tout l'été, et la racine à l'automne à partir de la deuxième année quand la plante est fanée.

Conservation

Toutes les parties peuvent être séchées et servir à parfumer huile et vinaigre.

Utilisation

Les jeunes feuilles encore tendres sont utilisées crues pour aromatiser les salades ou cuites en légumes ou soupes. Les fleurs parfument et colorent salades et crudités. La racine peut se consommer comme un légume, épluchée et cuite à l'eau ou frite. Les feuilles et les racines infusées ont des vertus adoucissantes et apaisantes. Utilisez-les en tisane contre la toux et les troubles digestifs, en gargarisme pour soulager les inflammations buccales, en cataplasme pour calmer les brûlures et les piqûres d'insecte.

Espèces et variétés

D'autres espèces existent, comme la célèbre rose trémière (*A. rosea*), mais seule la guimauve est aromatique.

Sa racine était donnée à mâcher aux enfants qui avaient une poussée dentaire pour les soulager, elle servait aussi de base dans la confection de confiseries.

Houttuynia

Houttuynia cordata • Saururacées • VIVACE

Propriétés
Antibactérienne, dépurative, diurétique, tonique.

Parties utilisées
Feuilles, racines.

Dimensions
Hauteur : 15-30 cm
Largeur : 50-100 cm

Emplacement
Elle apprécie toutes les expositions et tous les sols du moment qu'ils sont frais voire humides, et peut être utilisée comme plante aquatique.

Densité
3 à 4 pieds/m².

Maladies et parasites
Aucun.

J	F	M	A	M	J	J	A	S	O	N	D
			■	■	■						
			■	■	■						
			■	■	■						

■ Semis en place ■ Récolte
■ Plantation

Aussi appelée poivrier de Chine, cette plante couvre-sol particulièrement vigoureuse est surtout utilisée pour les qualités ornementales de son feuillage caduc vert foncé et de ses petites fleurs blanches parfumées qui s'épanouissent de juin à septembre.

Semis et plantation

On peut semer les graines en place d'avril à juin. Mais installez plutôt à la même période des plants du commerce ou prélevez de jeunes pousses sur un pied existant.

Entretien

Arrosez régulièrement en été pour maintenir le sol toujours frais. Les tiges disparaissent à l'automne, étalez une épaisse couche de feuilles mortes au pied en hiver en cas de fortes gelées. N'hésitez pas à arracher les jeunes pousses qui se développent sur le pourtour pour contenir la plante.

Récolte

Les feuilles se cueillent encore tendres d'avril à juin, avant qu'elles deviennent coriaces et amères. Les racines plutôt en début de printemps.

Conservation

On consomme les deux fraîches.

Utilisation

Les feuilles ont une étonnante saveur acidulée d'orange poivrée. Finement hachées, elles accompagnent salades, omelettes et poissons. Leur infusion est tonifiante. Les racines se consomment cuites comme un légume.

Espèces et variétés

En plus de l'espèce type, on trouve principalement la variété 'Chameleon' à feuillage panaché vert et crème tacheté de rouge très décoratif, et moins envahissante, ainsi que 'Flore Pleno' à fleurs doubles et feuillage vert foncé.

Attention, elle a tendance à s'étaler très rapidement jusqu'à devenir envahissante.

Hysope

Hyssopus officinalis • Lamiacées • VIVACE

Propriétés
Apaisante, digestive, expectorante, tonique.

Parties utilisées
Feuilles, fleurs.

Dimensions
Hauteur : 40-80 cm
Largeur : 40-80 cm

Emplacement
Ensoleillé et chaud, dans un sol léger, sec voire sablonneux, bien drainé.

Densité
3 à 4 pieds/m².

Maladies et parasites
Rouille.

	J	F	M	A	M	J	J	A	S	O	N	D
Semis en place				■	■							
Plantation				■	■				■	■		
Récolte				■	■	■	■	■	■	■		

Surtout cultivée aujourd'hui pour sa floraison en petits épis bleu violacé entre juin et septembre, l'hysope officinale est un petit arbuste qui était autrefois très apprécié pour les propriétés médicinales de ses feuilles allongées et parfumées.

Semis et plantation

Semez quelques graines en place en avril-mai. Ou installez des jeunes plants en avril-mai ou en septembre-octobre.

Entretien

Coupez la tige principale pour ramifier la touffe. Et pincez régulièrement l'extrémité des tiges pour empêcher la floraison et avoir des feuilles tendres. N'arrosez qu'en cas de sécheresse. Rabattez les tiges à l'automne pour garder une plante compacte, et protégez le pied par un épais paillage dans les régions à hiver froid.

Récolte

Les feuilles se récoltent d'avril à octobre, de préférence avant la floraison pour les conserver, les extrémités fleuries dès leur ouverture.

Conservation

On peut les faire sécher à l'ombre ou macérer dans l'huile.

Utilisation

D'une saveur mentholée légèrement amère, feuilles et fleurs sont à utiliser avec parcimonie pour relever salades, crudités, grillades, poissons, sauces, farces et desserts. En infusion, elles sont efficaces contre les maux de gorge et les états grippaux, et soulagent piqûres, contusions et plaies en cataplasmes.

Espèces et variétés

Il en existe à fleurs blanches ('Albus') et roses ('Roseus'), ainsi qu'une variété plus compacte à la floraison violette ('Aristatus').

La plante s'épuise rapidement, renouvelez les pieds tous les quatre à cinq ans en divisant la touffe.

Laurier-sauce

Laurus nobilis • Lauracées • VIVACE

Propriétés
Antiseptique, calmante, digestive, expectorante, tonique.

Parties utilisées
Feuilles.

Dimensions
Hauteur : 200-400 cm
Largeur : 100-300 cm

Emplacement
Ensoleillé et chaud, à l'abri des vents froids, dans une terre légère, profonde, sèche et bien drainée.

Densité
1 pied/m².

Maladies et parasites
Aucun.

J	F	M	A	M	J	J	A	S	O	N	D
									Semis sous abri	Semis sous abri	
		Plantation	Plantation	Plantation	Plantation	Plantation	Plantation	Plantation			
Récolte	Récolte	Récolte	Récolte	Récolte	Récolte	Récolte	Récolte	Récolte	Récolte	Récolte	Récolte

Semis sous abri · Récolte · Plantation

Le laurier-sauce est un grand arbuste aux feuilles persistantes vert foncé ovales, vernissées et coriaces, qui se couvre en avril-mai de petites fleurs jaunes suivies de baies noires luisantes.

Semis et plantation

Le semis se réalise en automne sous abri, mais la germination des graines est aléatoire. Préférez l'achat d'un jeune sujet en conteneur, à mettre en terre de mars à septembre en dehors des périodes de forte chaleur.

Entretien

Une fois la plante bien établie, n'arrosez qu'en cas de sécheresse prolongée. Taillez-la à la sortie de l'hiver si vous voulez limiter son développement ou lui donner une forme harmonieuse. Les premières années, protégez le feuillage avec un voile et le pied avec de la paille si l'hiver est rigoureux.

Récolte

Les feuilles peuvent être cueillies toute l'année selon les besoins.

Conservation

Laissez-les flétrir avant de les utiliser, car elles possèdent un arôme puissant. Sinon faites-les sécher avant de les conserver à l'abri de la lumière dans un contenant hermétique ou dans du vinaigre pour le parfumer.

Utilisation

Elles ont un parfum caractéristique très marqué, mélange d'eucalyptus et de cannelle. Quelques-unes suffisent pour aromatiser sauces, marinades, terrines et plats mijotés. Retirez-les avant de servir, car elles sont coriaces. Leur infusion est tonifiante et digestive, en gargarisme elle apaise les maux de gorge.

Espèces et variétés

En plus de l'espèce type, il existe quelques variétés comme 'Angustifolia' à feuilles longues et étroites, 'Aurea' à feuillage doré, 'Crispa' aux feuilles à bords ondulés.

Ne pas le confondre avec le laurier-rose (*Nerium oleander*) et le laurier-cerise (*Prunus laurocerasus*) dont le feuillage est toxique.

Lavande

Lavandula angustifolia · Lamiacées · VIVACE

Cette espèce de lavande, dite officinale ou vraie, possède un feuillage persistant gris vert et produit de juin à août de petits épis de fleurs très parfumés de couleur généralement bleu mauve.

Propriétés
Antiseptique, calmante, cicatrisante, digestive, relaxante.

Parties utilisées
Fleurs.

Dimensions
Hauteur : 40-70 cm
Largeur : 40-70 cm

Emplacement
Très ensoleillé et chaud, dans tout type de sol même pauvre, pourvu qu'il soit léger et bien drainé.

Densité
4 à 5 pieds/m².

Maladies et parasites
Chenilles, chrysomèles, cochenilles.

	J	F	M	A	M	J	J	A	S	O	N	D
Semis sous abri		■	■	■								
Plantation				■	■	■						
Récolte						■	■	■				

Semis sous abri — Récolte — Plantation

Semis et plantation

Semez de février à avril sous abri, pour une levée en un mois environ. Attendez mai-juin pour repiquer au jardin. La plantation s'effectue généralement au printemps, mais peut avoir lieu presque toute l'année hors période hivernale.

Entretien

Elle supporte très bien la sécheresse après la première année et ne nécessite plus d'arrosage. Coupez régulièrement les tiges fanées à leur base pour stimuler l'apparition de nouvelles pousses. Puis taillez-les au ras du feuillage en fin d'été après la floraison. Paillez le pied dans les régions à fortes gelées. Rabattez la touffe aux deux tiers au tout début du printemps si nécessaire, pour lui redonner une forme arrondie et de la vigueur.

Récolte

Coupez les tiges florales de juin à août quand les fleurs sont bien épanouies. De préférence le matin et par temps sec.

Conservation

Suspendez les tiges en petits bouquets la tête en bas dans un local sec et bien aéré pour les faire sécher. Détachez les fleurs et conservez-les dans un bocal hermétique.

Utilisation

Quelques fleurs parfument salades de fruits, gâteaux et le sucre. Les tiges fleuries donnent aussi une saveur étonnante au vinaigre blanc. L'infusion de fleurs séchées possède des propriétés calmantes contre les infections et digestives. On peut aussi l'appliquer sur la peau contre les piqûres d'insectes et en compresse chaude contre les douleurs musculaires. En petits bouquets ou en sachets, elle parfume la maison et le linge, c'est aussi un antimite efficace.

Espèces et variétés

Cette espèce possède de nombreuses variétés, comme 'Dwarf Blue' à port compact, 'Hidcote Blue' à fleurs bleues, 'Munstead' à fleurs violettes, 'Rosea' compacte à fleurs roses, 'Nana Alba' naine à fleurs blanches. Il existe d'autres espèces également aromatiques comme le lavandin (*L. x intermedia*) à l'abondante floraison très parfumée et la lavande papillon (*L. stoechas*) aux fleurs originales.

Installez un pied au pied des rosiers, elle fera fuir les pucerons.

Livèche

Levisticum officinale • Apiacées • VIVACE

Aussi appelée ache des montagnes ou encore céleri perpétuel, cette plante vivace imposante développe de grandes tiges dressées couvertes d'un abondant feuillage caduc vert brillant, surmontées d'une floraison jaune de juillet à septembre suivie de graines ovales.

Propriétés
Apéritive, calmante, digestive, diurétique, expectorante.

Parties utilisées
Tiges, feuilles, racines, graines.

Dimensions
Hauteur : 80-200 m
Largeur : 60-100 m.

Emplacement
Ensoleillé ou semi-ombragé, avec une préférence pour les terrains riches, profonds, frais et bien drainés.

Densité
1 à 2 pieds/m².

Maladies et parasites
Pucerons.

Semis et plantation

Semez les graines en place d'avril à juin, ou sous abri en août-septembre pour un repiquage au printemps suivant. Vous pouvez aussi installer de jeunes plants de mars à octobre, en évitant les périodes de sécheresse.

Entretien

Apportez un paillage au pied pour conserver un sol frais et arrosez par temps sec. Supprimez les tiges florales dès leur apparition si vous ne voulez pas récolter les graines. Pour des tiges et des feuilles tendres, blanchissez chaque pied en l'entourant de paille jusqu'aux deux tiers de sa hauteur. Rabattez la touffe à l'automne, et apportez du compost ou du fumier, son feuillage réapparaîtra au printemps. Divisez le pied tous les trois ou quatre ans pour le rajeunir.

J	F	M	A	M	J	J	A	S	O	N	D
			Semis en place	Semis en place	Semis en place		Semis sous abri	Semis sous abri			
		Plantation	Plantation	Plantation	Plantation	Plantation	Plantation	Plantation	Plantation		
			Récolte	Récolte	Récolte	Récolte	Récolte	Récolte			

Semis sous abri
Semis en place
Plantation
Récolte

Récolte

Elle commence l'année suivant le semis. Cueillez les feuilles et les tiges d'avril jusqu'aux gelées en fonction des besoins et tant que la plante est en vert. Prélevez les racines de préférence au printemps et récupérez les graines quand elles deviennent brunes en automne.

Conservation

Toutes les parties peuvent être séchées, mais seules les feuilles se congèlent.

Utilisation

Les feuilles et les jeunes tiges ont un goût prononcé de céleri. Elles sont à utiliser avec parcimonie pour parfumer potages, bouillons, sauces, poissons, viandes, ragoûts, salades, farces. Les tiges peuvent aussi être confites dans du sucre. Les graines, à la saveur piquante, aromatisent marinades, sauces, potages et pâtisseries, écrasées elles parfument le sel. Les racines se consomment crues et vinaigrées, cuites ou broyées après avoir été séchées en remplacement du poivre. Une infusion de feuilles et de graines calme les troubles digestifs, stimule l'appétit et soulagerait la migraine.

Espèces et variétés

Seule l'espèce type est cultivée.

C'est une plante très productive, un seul pied est souvent suffisant, à installer un peu à l'écart ou en bordure en raison de son développement.

Maceron

Smyrnium olusatrum • Apiacées • BISANNUELLE

Propriétés
Apéritive, dépurative, diurétique, stomachique.

Parties utilisées
Tiges, feuilles, boutons floraux, graines, racines.

Dimensions
Hauteur : 70-150 cm
Largeur : 60-80 cm

Emplacement
Il préfère le soleil mais tolère l'ombre légère, les sols riches, profonds, frais et bien drainés.

Densité
2 à 3 pieds/m².

Maladies et parasites
Aucun.

	J	F	M	A	M	J	J	A	S	O	N	D
Semis en place			■	■					■	■		
Plantation				■	■	■			■	■		
Récolte			■	■	■	■	■	■	■	■	■	■

Semis en place — Récolte — Plantation

Le maceron est plante herbacée bisannuelle dont les tiges sont couvertes de grandes feuilles caduques luisantes vert moyen et produisent la deuxième année, d'avril à juillet, une floraison jaune verdâtre suivie de fruits noirs à maturité.

Semis et plantation

Semez directement en place en mars-avril ou en septembre-octobre, pour une levée en moins d'un mois. La plantation a lieu d'avril à juin, et de septembre à octobre.

Entretien

Paillez le pied pour maintenir la terre fraîche et arrosez en cas de fortes chaleurs. Coupez les fleurs fanées si vous ne voulez pas récolter les fruits ni que la plante se ressème toute seule. Et rabattez les tiges à l'automne.

Récolte

Prélevez les feuilles tendres et les jeunes tiges au fil des besoins. Attendez la deuxième année pour récolter les boutons floraux au printemps, les fruits mûrs et les racines longues et charnues à l'automne.

Conservation

Il est possible de faire sécher les feuilles et les fruits.

Utilisation

Toutes les parties ont un goût de céleri, en plus prononcé. Les feuilles émincées, crues ou cuites, aromatisent salades, soupes, viandes, poissons et ragoûts. Les boutons floraux et les jeunes fruits peuvent être confits dans du vinaigre comme des câpres, les tiges dans du sucre ou cuites à la vapeur. Les fruits mûrs moulus servent de substitut au poivre. Les racines épluchées se consomment crues râpées, ou cuites comme un légume à la vapeur, en purée.

Espèces et variétés

On trouve également le maceron perfolié (*S. perfoliatum*) au feuillage arrondi et brillant vert clair qui a des propriétés similaires.

Aujourd'hui oublié et remplacé par le céleri, le maceron était autrefois très populaire.

Marrube blanc

Marrubium vulgare • Lamiacées • VIVACE

Le marrube blanc est une plante herbacée vivace couverte d'un duvet blanchâtre, ses tiges rigides portent d'épaisses feuilles molles et froissées vert grisâtre à l'aisselle desquelles se regroupent de petites fleurs blanches de mai à septembre.

Propriétés
Apaisante, cicatrisante, expectorante, stimulante, tonique.

Parties utilisées
Feuilles, fleurs.

Dimensions
Hauteur : 30-60 cm
Largeur : 30-50 cm

Emplacement
Il apprécie les expositions chaudes et pleinement ensoleillées, les sols secs, légers et bien drainés.

Densité
4 à 5 pieds/m².

Maladies et parasites
Aucun.

J	F	M	A	M	J	J	A	S	O	N	D
		Semis sous abri	Semis sous abri								
				Plantation	Plantation			Plantation	Plantation		
				Récolte	Récolte						

Semis sous abri — Récolte — Plantation

Semis et plantation

On la sème sous abri en mars-avril pour un repiquage en pleine terre deux mois plus tard. Les jeunes plants sont installés en mai-juin ou en septembre-octobre.

Entretien

Pincez les extrémités pour étoffer la touffe. Arrosez uniquement en cas de sécheresse prolongée. Rabattez les tiges au ras du sol en fin d'automne, et paillez le pied pour le protéger du froid.

Récolte

On utilise principalement les feuilles, mais les sommités fleuries sont également comestibles. Récoltez-les ensemble, de préférence en début de floraison entre mai et juin.

Conservation

Faites-les sécher à l'ombre dans un lieu sec et aéré, en les suspendant en petits bouquets.

Utilisation

Leur goût amer prononcé et leur odeur camphrée les rendent difficiles à utiliser en cuisine, où elles peuvent remplacer le thym. Elles sont surtout employées en infusion pour leurs propriétés apaisantes et expectorantes, et en compresse chaude pour cicatriser les petites plaies.

Espèces et variétés

Seule l'espèce type est cultivée.

Ses vertus contre les infections respiratoires sont connues depuis l'Antiquité, il entre aujourd'hui dans la fabrication de nombreux sirops et pastilles.

Mélisse

Melissa officinalis • Lamiacées • VIVACE

Propriétés
Antispasmodique, apaisante, digestive, relaxante, stimulante.

Parties utilisées
Feuilles.

Dimensions
Hauteur : 40-100 cm
Largeur : 40-60 cm

Emplacement
Au soleil non brûlant ou à l'ombre légère dans le Midi, dans un sol riche, frais, léger et bien drainé.

Densité
4 à 5 pieds/m².

Maladies et parasites
Oïdium, rouille.

Semis sous abri
Récolte
Plantation

La mélisse est une plante herbacée vivace appréciée pour son feuillage caduc gaufré et dentelé vert vif très parfumé, qui développe de juin à septembre une discrète floraison blanc rosé.

Semis et plantation

Semez sous abri de mars à mai, et repiquez en fin d'été. La plantation de jeunes plants peut avoir lieu d'avril à juin ou en septembre-octobre.

Entretien

Désherbez régulièrement. Arrosez en cas de fortes chaleurs, en évitant tout excès d'humidité. Rabattez la touffe à 10 cm début juillet au moment de la floraison pour favoriser l'apparition de nouvelles feuilles, et une nouvelle fois à la sortie de l'hiver. Éliminez ou transplantez les rejets qui se développent autour de la souche qui a tendance à s'étendre.

Récolte

Cueillez les jeunes feuilles à volonté de mai à octobre, en coupant les tiges à la base. Intervenez avant la floraison pour avoir une saveur plus forte et les conserver.

Conservation

On les consomme fraîches de préférence, même si elles peuvent être séchées, congelées et macérées dans du vinaigre.

Utilisation

D'une saveur fraîche et citronnée, elles parfument salades, crudités, soupes, poissons, viandes. Mais aussi compotes, crèmes et salades de fruits. Leur infusion est calmante et apaisante, elle est efficace contre les problèmes intestinaux, les troubles du sommeil et le stress. En cataplasme elle soulage les piqûres d'insectes.

Espèces et variétés

On trouve également des variétés à feuillage doré comme 'Aurea' et 'All Gold', ou panaché vert et jaune ('Variegata'), moins envahissantes et à cultiver dans un endroit ombragé pour garder leur coloration. Il en existe aussi à parfum de citron vert ('Lime') et d'orange ('Altissima').

Souvent appelée aussi mélisse-citronnelle, elle ne doit pas être confondue avec la vraie citronnelle.

Mélisse de Moldavie

Dracocephalum moldavica • Lamiacées • ANNUELLE

Propriétés
Antiseptique, calmante, digestive, sédative, tonique.

Parties utilisées
Feuilles.

Dimensions
Hauteur : 50-80 cm
Largeur : 30-40 cm

Emplacement
Elle pousse dans tous les terrains bien ensoleillés et drainés.

Densité
5 à 6 pieds/m².

Maladies et parasites
Escargots, limaces.

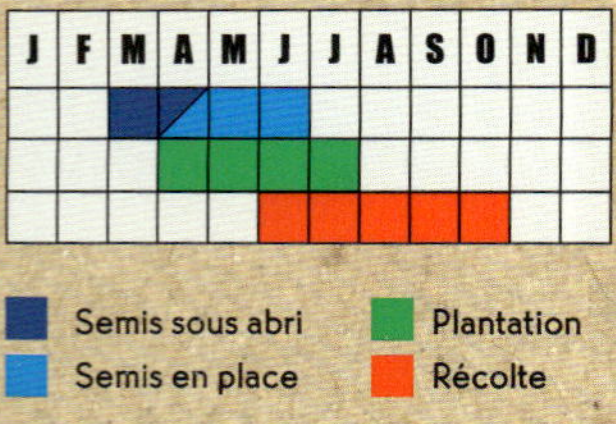

Semis sous abri
Semis en place
Plantation
Récolte

La mélisse de Moldavie est une plante annuelle quelque peu oubliée, à feuilles ovales dentelées vert foncé et à la floraison en larges épis bleu violacé de juin à août, à redécouvrir pour ses qualités tant aromatiques que décoratives.

Semis et plantation

Semez sous abri en mars-avril ou en place d'avril à juin. La plantation de jeunes sujets s'effectue à partir d'avril, une fois les dernières gelées passées, jusqu'en octobre.

Entretien

Arrosez en cas de forte sécheresse. Pincez les tiges principales pour favoriser l'apparition de jeunes pousses. Laissez quelques tiges monter en graines si vous voulez les récolter ou que la plante se ressème toute seule.

Récolte

Cueillez les jeunes feuilles au fur et à mesure des besoins de juin à octobre.

Conservation

Les feuilles peuvent être séchées ou macérées dans l'huile.

Utilisation

Elles possèdent un parfum très citronné et légèrement anisé. Elles peuvent aromatiser salades, crudités, poissons, viandes et desserts. Leur infusion a des vertus digestives, antiseptiques et tonifiantes.

Espèces et variétés

Seule l'espèce type est cultivée.

Ses feuilles séchées peuvent remplacer le thé, ce qui lui vaut aussi le nom de thé des jardins.

Menthe verte

Mentha spicata · **Lamaciées** · **VIVACE**

Propriétés
Antispasmodique, calmante, digestive, stimulante, tonique.

Parties utilisées
Feuilles.

Dimensions
Hauteur : 40-60 cm
Largeur : 30-40 cm

Emplacement
Au soleil doux ou à l'ombre légère, dans un sol riche, lourd et frais.

Densité
5 à 6 pieds/m².

Maladies et parasites
Oïdium, pucerons, rouille.

Particulièrement robuste et vigoureuse, la menthe verte est une plante herbacée vivace appréciée pour ses feuilles vert sombre nervurées et dentées très odorantes, qui porte de juin à août de petites fleurs bleu violacé groupées en épis.

Semis et plantation

Le semis se réalise sous abri en mars-avril ou en place en d'avril à juin. Mais préférez l'installation de jeunes plants ou la bouture d'un morceau de racine sur un pied existant entre avril et juin.

Entretien

Arrosez si l'été est particulièrement chaud et sec. Rabattez les tiges à 5 cm du sol en fin d'automne et paillez en cas d'hiver froid. Renouvelez le pied tous les trois ou quatre ans pour le contenir et qu'il reste vigoureux en divisant la souche.

Récolte

Coupez les tiges de mai à octobre au fil des besoins par temps sec.

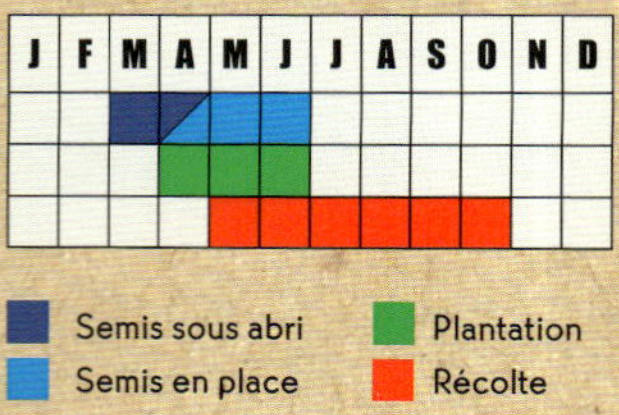

Conservation

Les feuilles se conservent par séchage et donnent un arôme étonnant au vinaigre.

Utilisation

Ciselez-les pour apporter un parfum mentholé rafraîchissant aux salades de fruits, compotes, sorbets, boissons. Mais aussi aux salades, crudités, poissons et sauces. Leur infusion est calmante, digestive et tonifiante. En inhalation, elle est efficace contre la sinusite et l'asthme, en cataplasme contre les piqûres d'insectes et les contusions.

Espèces et variétés

Si la menthe verte est la plus utilisée pour sa saveur douce, il existe de nombreuses autres espèces. Notamment la menthe poivrée (*M. x piperita*) à la saveur plus puissante légèrement piquante. Mais aussi la marocaine (*M. spicata Nanah*) au goût prononcé, celle de Corse (*M. corsica*) naine tapissante, aquatique (*M. aquatica*) très parfumée, pouliot (*M. pulegium*) à port rampant. Certaines ont même des parfums insolites de bergamote, pomme, banane, chocolat, fraise, etc.

Elle peut rapidement devenir envahissante, pour la contenir, cultivez-la en pot, que vous pouvez enterrer au jardin.

Mitsuba

Cryptotaenia japonica • Apiacées • VIVACE

Propriétés
Antiallergique, rafraîchissante, tonique.

Parties utilisées
Feuilles, tiges.

Dimensions
Hauteur : 40-60 cm
Largeur : 30-40 cm

Emplacement
Semi-ombragé de préférence ou au soleil non brûlant, dans une terre riche, légère, fraîche et bien drainée.

Densité
5 à 6 pieds/m².

Maladies et parasites
Aucun.

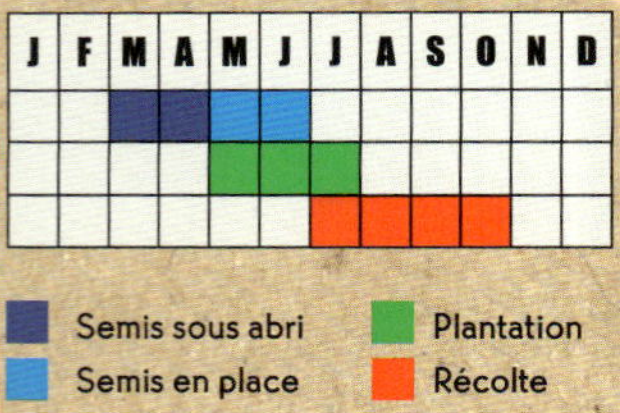

Plante herbacée vivace plutôt rare bien que très appréciée au Japon, le mitsuba qu'on appelle aussi persil japonais possède un feuillage caduc vert clair finement découpé et une floraison blanche en juillet-août.

Semis et plantation

On la sème en mars-avril sous abri ou en mai-juin directement en place. Le repiquage et l'installation de jeunes plants ont lieu à partir de la fin mai jusqu'en juillet.

Entretien

Maintenez la terre fraîche par des arrosages réguliers mais sans excès. Couvrez les tiges de paille ou d'un carton pour les attendrir si vous voulez les consommer. Taillez les tiges aux deux tiers à l'automne et protégez le pied du froid par un épais paillage ou un voile d'hivernage.

Récolte

La cueillette commence environ trois mois après le semis, et s'étale jusqu'en octobre. Attendez que les tiges atteignent au moins 20 cm pour les couper au ras du sol ou prélever les feuilles au fur et à mesure.

Conservation

Les tiges et les feuilles se consomment de préférence fraîches, mais peuvent être congelées.

Utilisation

Elles ont une saveur originale rafraîchissante, légèrement amère, entre le persil et le celeri de préférence. On les consomme crues, pour relever salades, soupes, grillades, légumes et sauces.

Espèces et variétés

Il existe aussi la variété 'Atropurpurea', à feuilles pourpres et floraison rose clair.

Ne le confondez pas avec la pérille qui est aussi surnommée persil japonais.

Monarde

Monarda didyma • Lamiacées • VIVACE

Propriétés
Antiseptique, calmante, digestive, stimulante, sudorifique.

Parties utilisées
Feuilles, fleurs.

Dimensions
Hauteur : 60-100 cm
Largeur : 40-60 cm

Emplacement
Elle apprécie le soleil comme l'ombre légère, les sols riches, légers, profonds, frais et bien drainés.

Densité
4 à 5 pieds/m².

Maladies et parasites
Oïdium.

J	F	M	A	M	J	J	A	S	O	N	D
	■	■	■								
				■	■			■	■		
				■	■	■	■	■	■		

■ Semis sous abri ■ Récolte
■ Plantation

La monarde est une plante herbacée vivace dont les tiges dressées portent de grandes feuilles caduques vert foncé et sont surmontées de juin à septembre d'une floraison rouge vif à l'aspect ébouriffé.

Semis et plantation

Semez sous abri de février à avril pour un repiquage en place deux mois plus tard. L'installation de plants du commerce s'effectue généralement en mai-juin ou en septembre-octobre.

Entretien

Maintenez la terre fraîche en été par un paillage et des arrosages réguliers en prenant soin de ne pas mouiller le feuillage. Supprimez les fleurs fanées au fur et à mesure pour prolonger la floraison. Rabattez les tiges au ras du sol en octobre, après la floraison. Tous les trois ou quatre ans, divisez la touffe pour qu'elle garde une forme homogène.

Récolte

Les feuilles se récoltent au fil des besoins de mai à octobre, les fleurs tout l'été.

Conservation

Elles peuvent être séchées ou congelées.

Utilisation

Leur saveur épicée doublée d'un subtil parfum d'agrume relève salades, crudités, viandes, légumes, fromages frais et desserts. L'infusion des feuilles séchées a des propriétés calmantes et digestives.

Espèces et variétés

On trouve aussi des variétés à fleurs blanches ('Alba'), roses ('Pink Lace', 'Fireball') et mauves ('Purple Rooster'). D'autres espèces sont également aromatiques, comme *M. citriodora* à grandes fleurs roses et parfum citronné, *M. fistulosa* à fleurs violacées et odeur de bergamote, *M. punctata* à parfum de menthe.

Ses surnoms de thé rouge, d'Oswego ou de Pennsylvanie, rappellent qu'elle fut longtemps utilisée pour remplacer le thé.

Myrte

Myrtus communis • Myrtacées • VIVACE

Propriétés
Apaisante, digestive, expectorante, stomachique, tonique.

Parties utilisées
Feuilles, boutons floraux, fruits.

Dimensions
Hauteur : 100-300 cm
Largeur : 80-200 cm

Emplacement
Semi-ombragé à ensoleillé, à l'abri des vents froids, dans un sol léger, plutôt sec et bien drainé.

Densité
1 pied/m^2.

Maladies et parasites
Pucerons.

J	F	M	A	M	J	J	A	S	O	N	D
		Semis sous abri	Semis sous abri	Semis sous abri	Semis sous abri	Semis sous abri					
				Plantation	Plantation						
				Récolte	Récolte	Récolte	Récolte	Récolte	Récolte		

Semis sous abri
Récolte
Plantation

Petit arbuste à feuilles persistantes ovales et vernissées vert foncé, le myrte développe de juin à août une multitude de petites fleurs blanc crème parfumées, suivies de baies bleutées.

Semis et plantation

Le semis est assez difficile à réussir, car les graines ont besoin d'une température minimale de 20 à 25 °C pour germer. Essayez sous abri entre mars et juillet. Sinon achetez un plant en conteneur dans le commerce, à mettre en terre au printemps de préférence.

Entretien

Arrosez régulièrement la première année. Ensuite en cas de sécheresse uniquement, car son feuillage est sensible aux excès d'eau et a tendance à jaunir. Taillez en automne si nécessaire pour supprimer le bois mort et lui redonner une forme équilibrée. Dans les régions à hiver froid, paillez le pied et couvrez le feuillage d'un voile d'hivernage.

Récolte

Cueillez les feuilles de mai à septembre en coupant l'extrémité tendre des tiges. Les boutons floraux se récoltent encore fermés et les baies en toute fin d'été ou en automne, quand elles deviennent souples au toucher.

Conservation

Le meilleur moyen de conserver toutes les parties est de les faire sécher.

Utilisation

Les feuilles ont un goût proche du romarin, les boutons floraux et les baies rappellent la fleur d'oranger. Ils aromatisent salades, charcuterie, marinades, viandes grasses et grillades, mais parfument aussi pâtisseries et confitures. Les feuilles utilisées en infusion ont des vertus digestives et tonifiantes. En décoction, elles soulagent les contusions, ses propriétés astringentes en font aussi une lotion appréciée pour le visage.

Espèces et variétés

En plus de l'espèce type, il existe plusieurs variétés. 'Flore Pleno' à fleurs doubles, 'La Clape' à grandes feuilles, 'Variegata' à feuillage panaché et 'Tarentina' à petites feuilles et forme compacte bien adaptée pour la culture en pot.

Les tiges séchées parfument armoires et pots-pourris, brûlées elles dégagent une odeur d'encens.

Origan

Origanum vulgare • Lamiacées • VIVACE

Propriétés
Antiseptique, calmante, digestive, expectorante, tonique.

Parties utilisées
Feuilles.

Dimensions
Hauteur : 30-60 cm
Largeur : 30-40 cm

Emplacement
Pleinement ensoleillé et chaud, avec une terre légère et bien drainée, plutôt sèche.

Densité
5 à 7 pieds/m².

Maladies et parasites
Araignées rouges, pucerons.

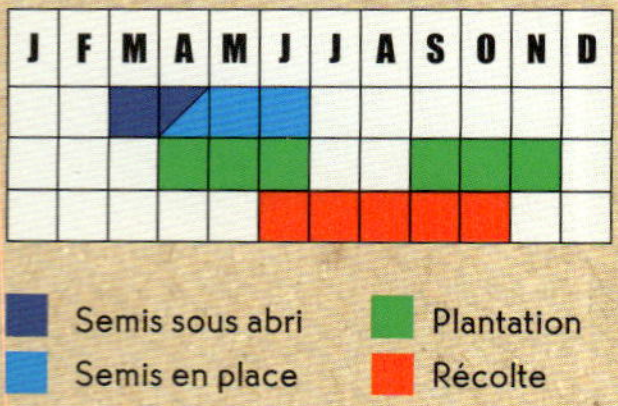

L'origan est une plante vivace à petites feuilles persistantes ovales et velues vert foncé, fleurissant de juin à septembre en une multitude de petites fleurs blanc rosé réunies sur de courts épis.

Semis et plantation

Semez les graines sous abri de mars à avril, ou directement en place d'avril à juin si le climat est doux. Attendez que tout risque de gelée soit écarté pour installer les plants d'avril à juin et de septembre à novembre.

Entretien

N'arrosez qu'en début de culture et en cas de grande sécheresse. Pincez les extrémités pour éviter la floraison et favoriser le développement du feuillage. Rabattez la touffe au ras du sol fin octobre, et paillez le pied pour le protéger des fortes gelées.

Récolte

Cueillez les feuilles au fur et à mesure des besoins de juin à octobre, de préférence le matin et par temps sec, en coupant les tiges au ras du sol.

Conservation

Elles peuvent être séchées, congelées et servir à aromatiser huiles et vinaigres.

Utilisation

Leur saveur rappelle la menthe et le basilic, avec une note poivrée. Ajoutez-les finement ciselées, fraîches ou séchées, juste avant de servir pour parfumer viandes, soupes, plats mijotés, pizzas, pâtes et sauces notamment à base de tomates. Infusées, elles facilitent la digestion, calment les rhumes et en gargarismes apaisent les maux de gorge.

Espèces et variétés

En plus de l'espèce type qui est la meilleure à utiliser en cuisine, des variétés plus décoratives sont disponibles, comme 'Aureum' à feuilles dorées et 'Compactum' de forme naine. Il existe également une autre espèce avec laquelle il est souvent confondu, la marjolaine (*O. majorana*), à la saveur plus douce mais souvent cultivée comme annuelle, car moins rustique.

Sa floraison est très mellifère et attire de nombreux insectes pollinisateurs.

Pérille

Perilla frutescens • Lamiacées • ANNUELLE

Originaire du Japon où elle est connue sous le nom de shiso, la pérille est une plante herbacée annuelle dont les tiges portent des feuilles gaufrées et dentelées et une floraison blanc rosé en épis en fin d'été.

Semis et plantation

Semez sous abri en mars-avril après avoir fait tremper les graines une journée dans l'eau. La levée est parfois difficile, placez les semis dans un endroit chaud et lumineux, et gardez la terre constamment humide. Repiquez en place ou installez les plants du commerce en mai-juin.

Entretien

Maintenez la terre fraîche par un paillage et des arrosages réguliers en été. Pincez à plusieurs reprises l'extrémité des tiges pour étoffer le pied et stimuler la production de feuilles.

Récolte

Prélevez les feuilles selon les besoins de juin à octobre, en coupant les tiges à la base.

Conservation

Elles peuvent être séchées et congelées.

Propriétés
Antiallergique, apaisante, relaxante, tonique.

Parties utilisées
Feuilles.

Dimensions
Hauteur : 40-80 cm
Largeur : 20-40 cm

Emplacement
Elle préfère le soleil mais tolère l'ombre légère, les sols riches, légers, frais et bien drainés.

Densité
10 à 12 pieds/m².

Maladies et parasites
Aucun.

	J	F	M	A	M	J	J	A	S	O	N	D
Semis sous abri			■	■								
Plantation					■	■						
Récolte						■	■	■	■	■		

Semis sous abri — Récolte — Plantation

Utilisation

Elles possèdent une saveur épicée originale, avec des notes de basilic, de cannelle et de poivre. Crues finement ciselées, elles parfument salades et crudités. Cuites, elles aromatisent riz, soupes, légumes, poissons et fruits de mer. Réputées antiallergiques, apaisantes et relaxantes, elles sont aussi riches en antioxydants.

Espèces et variétés

L'espèce type possède de grandes feuilles vertes. Mais la plus couramment cultivée est la variété 'Purpurea', à feuillage pourpre particulièrement décoratif.

Au Japon, elle entre dans la préparation des sushis et on la trouve dans de nombreux produits de toilette pour son parfum énergisant.

Persil

Petroselinum crispum • Apiacées • BISANNUELLE

Propriétés
Apéritive, calmante, dépurative, diurétique, stimulante.

Parties utilisées
Feuilles.

Dimensions
Hauteur : 20-40 cm
Largeur : 15-20 cm

Emplacement
Ensoleillé à semi-ombragé, dans un sol riche, léger, frais et bien drainé.

Densité
10 à 15 pieds/m².

Maladies et parasites
Limaces, mouche de la carotte, oïdium.

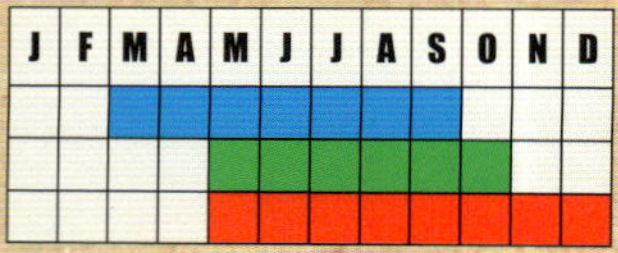

Semis en place
Plantation
Récolte

Réputé pour la saveur de son feuillage vert foncé persistant brillant et découpé, le persil est une plante herbacée bisannuelle souvent cultivée comme annuelle, qui développe la seconde année en été des hampes florales verdâtres.

Semis et plantation

On le sème en place entre mars et septembre, après avoir fait tremper les graines une journée dans l'eau. La levée est lente, comptez environ un mois en maintenant la terre toujours bien humide. Les plants du commerce se mettent en place de mai à octobre.

Entretien

Désherbez soigneusement en début de culture. Maintenez le sol frais en permanence par des arrosages réguliers, mais sans excès. Coupez fréquemment les tiges pour éviter qu'elles ne durcissent et favoriser l'apparition de nouvelles. En fin d'automne, protégez les plants par un voile ou une cloche pour une deuxième année de culture. Mais ils sont souvent arrachés à cette période, car leur feuillage a ensuite tendance à devenir plus coriace.

Récolte

Elle commence en moyenne trois mois après le semis et s'étale jusqu'en fin d'automne, voire tout l'hiver s'il est protégé. Cueillez les tiges une par une en les coupant au ras du sol.

Conservation

Mieux vaut le consommer frais ou le faire congeler. Séché, il perd une partie de sa saveur et de ses qualités nutritionnelles.

Utilisation

Le persil plat est le plus parfumé et se tient mieux à la cuisson, le frisé est plutôt utilisé en décoration. Ils agrémentent salades, crudités, soupes, ragoûts, légumes, sauces, viandes et poissons. Leur infusion possède des propriétés diurétiques et stimulantes. Frottez un brin sur une piqûre d'insecte pour la soulager.

Espèces et variétés

On cultive deux types de persil. Le simple à feuilles plates dit commun, avec notamment les variétés 'Géant d'Italie' à grandes feuilles très parfumées et 'Titan' particulièrement vigoureuse. Et le frisé à feuilles doubles crispées et port plus compact, comme 'Frisé vert foncé', 'Perle verte'.

Il existe aussi un persil tubéreux (*P. crispum var. tuberosum*), dont la grosse racine blanche au goût proche du céleri se consomme cuite comme un légume.

Pimprenelle

Sanguisorba minor ou *Poterium sanguisorba*
Rosacées • VIVACE

Propriétés
Apéritive, apaisante, digestive, hémostatique, tonique.

Parties utilisées
Feuilles.

Dimensions
Hauteur : 30-60 cm
Largeur : 40-60 cm

Emplacement
Au soleil léger ou à l'ombre lumineuse, dans un terrain riche, profond, léger, sec et bien drainé.

Densité
4 à 6 pieds/m².

Maladies et parasites
Aucun.

J	F	M	A	M	J	J	A	S	O	N	D
		■	■								
			■	■	■			■	■		
			■	■	■	■	■	■	■		

Semis en place (bleu) — Récolte (orange) — Plantation (vert)

La petite pimprenelle comme on l'appelle aussi se caractérise par une touffe de tiges érigées couvertes de petites feuilles persistantes vertes finement dentelées, terminées de juin à août par de petits épis floraux arrondis vert rougeâtre.

Semis et plantation

Réalisez les semis en mars-avril directement en place, pour une levée en une dizaine de jours. Installez les plants d'avril à juin ou en septembre-octobre.

Entretien

Arrosez pendant les semaines qui suivent la plantation, puis seulement par temps sec. Taillez régulièrement les tiges pour stimuler l'apparition de jeunes feuilles. Rabattez la touffe en septembre-octobre après la floraison.

Récolte

Prélevez d'avril à octobre les jeunes feuilles tendres de préférence, en coupant les tiges à la base.

Conservation

Consommez-les fraîches, car elles perdent de leur saveur en séchant. Sinon placez-les au congélateur ou dans du vinaigre pour le parfumer.

Utilisation

Riches en vitamine C, elles ont une saveur fraîche et légèrement amère, entre le concombre et la noix verte. Rajoutez-les finement coupées au moment de servir pour aromatiser salades, crudités, omelettes, potages, sauces et fromages frais. Leur infusion facilite la digestion, appliquée froide en compresse elle apaise les brûlures, les coups de soleil et les irritations cutanées.

Espèces et variétés

D'autres espèces existent, comme la grande pimprenelle (*S. officinalis*), les autres ont un intérêt surtout ornemental.

Elle était autrefois très utilisée pour ses propriétés hémostatiques, d'où son nom latin qui signifie littéralement « absorber le sang ».

Raifort

Armoracia rusticana ou *Cochlearia rusticana*
Brassicacées • VIVACE

Le raifort, cultivé pour sa longue racine cylindrique à chair blanche, forme une touffe compacte de grandes feuilles persistantes dressées ovales et coriaces, surmontées de mai à août de grappes de petites fleurs blanches.

Propriétés
Calmante, digestive, diurétique, expectorante, stimulante.

Parties utilisées
Racines.

Dimensions
Hauteur : 50-100 cm
Largeur : 40-60 cm

Emplacement
Ensoleillé sans être trop chaud ou semi-ombragé, dans un sol plutôt riche, léger, profond, frais et bien drainé.

Densité
1 à 2 pieds/m².

Maladies et parasites
Pourriture des racines, rouille.

	J	F	M	A	M	J	J	A	S	O	N	D
Semis en place		■	■	■								
Plantation			■	■								
Récolte	■	■	■								■	■

Semis en place — Récolte — Plantation

Semis et plantation

On peut le semer en place dès février jusqu'en avril. Mais il est plus simple de se procurer un jeune plant dans le commerce, à mettre en terre en mars-avril. Ou de prélever à la même période un morceau de racine d'environ 10 cm de long comportant un ou deux bourgeons sur un pied existant, à replanter verticalement.

Entretien

Installez un paillage en été et arrosez en période de sécheresse. Supprimez rapidement les hampes florales pour que la plante ne s'épuise pas, ainsi que les pousses latérales pour avoir une racine plus charnue et contenir son expansion. Coupez les feuilles au ras du sol en novembre et couvrez d'un épais paillage. Apportez du compost ou du fumier chaque année au début du printemps ou en fin d'automne.

Récolte

De novembre à mars à partir de la deuxième année. Dégagez la racine avec une fourche-bêche sans la déterrer, et ne coupez pas plus de la moitié si vous souhaitez conserver le pied.

Conservation

Placez la racine en cave dans du sable. Vous pouvez aussi la couper en petits morceaux pour la faire congeler, ou la hacher pour la conserver dans du vinaigre.

Utilisation

On la consomme crue et râpée en condiment pour sa saveur forte et piquante en remplacement de la moutarde. Seule ou avec de la crème, elle relève salades, viandes, poissons, charcuteries et sauces. Son infusion facilite la digestion et a des effets expectorants.

Espèces et variétés

En plus de l'espèce type à feuilles vertes qui est la plus couramment cultivée, 'Variegata' possède un feuillage panaché de blanc.

Planté à proximité des pommes de terre et des aubergines, il les protégerait des doryphores.

Rau ram

Polygonum odoratum ou *Persicaria odorata*
Polygonacées • VIVACE

Aussi appelée coriandre vietnamienne, cette plante rampante possède des tiges noueuses et des feuilles persistantes étroites et pointues vert foncé marquées d'une tache sombre en forme de V.

Propriétés
Antibactérienne, digestive.

Parties utilisées
Feuilles.

Dimensions
Hauteur : 30-60 cm
Largeur : 40-60 cm

Emplacement
Plante de marais, elle a besoin de chaleur, d'une terre riche et humide. Toutes les expositions lui conviennent, évitez-lui seulement le soleil direct en été.

Densité
3 à 4 pieds/m^2.

Maladies et parasites
Aucun.

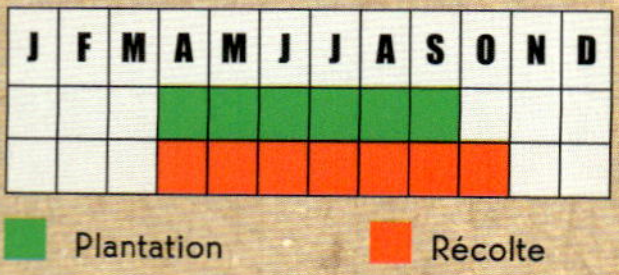

Plantation

Privilégiez la culture en pot pour satisfaire ses besoins et la protéger du froid. Utilisez du terreau et un contenant assez profond en raison de son système racinaire dense. Plantez-la à partir d'avril-mai et jusqu'en septembre.

Entretien

Arrosez très fréquemment pour maintenir la terre humide. Taillez les tiges dès qu'elles deviennent trop hautes pour la contenir et favoriser l'apparition de nouvelles pousses. En fin de saison, rabattez les tiges de moitié. Avant les premiers froids, protégez le pied des plantes en pleine terre par un paillage, et rentrez celles en pot dans un endroit hors gel. N'hésitez pas à prélever quelques tiges à raciner dans l'eau pour renouveler les pieds.

Récolte

D'avril à octobre cueillez régulièrement les feuilles, jeunes de préférence, ce sont les plus parfumées et les moins puissantes.

Conservation

Elles se consomment uniquement fraîches.

Utilisation

Leur saveur rappelle la coriandre, avec une note citronnée et poivrée en plus. Quelques feuilles suffisent pour relever salades, crudités et sauces. Cuites, leur goût devient plus épicé, elles accompagnent viandes, poissons, crustacés et soupes.

Espèces et variétés

Seule l'espèce type est cultivée.

De la famille des renouées, elle ne doit pas être confondue avec les autres espèces qui ne sont pas comestibles.

Romarin

Rosmarinus officinalis • Lamiacées • VIVACE

Propriétés
Antiseptique, apaisante, digestive, diurétique, stimulante.

Parties utilisées
Tiges, feuilles.

Dimensions
Hauteur : 50-150 cm
Largeur : 50-150 cm

Emplacement
Pleinement ensoleillé et chaud, dans un sol à tendance calcaire, léger, sec pouvant même être caillouteux et pauvre, mais toujours bien drainé, car il craint l'humidité.

Densité
2 à 4 pieds/m².

Maladies et parasites
Acariens, chrysomèles.

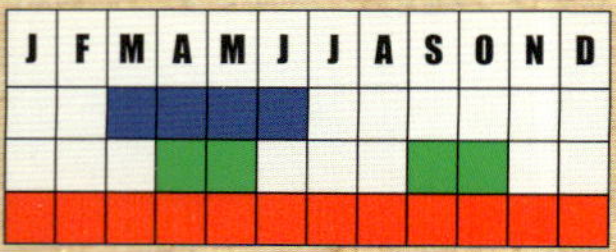

Semis sous abri
Plantation
Récolte

Petit arbuste à tiges dressées ou étalées, le romarin possède de fines feuilles persistantes étroites et rigides vert foncé au revers argenté, et se couvre de mars à juin, parfois dès l'automne, de petites fleurs bleu mauve.

Semis et plantation

Le semis est possible, de mars à juin sous abri pour un repiquage en pleine terre à l'automne. L'installation de jeunes plants a lieu de préférence en avril-mai ou en septembre-octobre.

Entretien

Il supporte très bien la sécheresse et n'a pas besoin d'arrosage. Coupez régulièrement les tiges pour éviter que le pied se dégarnisse et favoriser l'apparition de nouvelles pousses, notamment après la floraison. Au début du printemps, supprimez les tiges mortes et taillez si besoin pour qu'il garde une forme équilibrée et compacte.

Récolte

Les tiges se récoltent au fur et à mesure des besoins toute l'année.

Conservation

Tous les moyens de conservation sont possibles.

Utilisation

Elles ont une puissante saveur camphrée légèrement amère. Quelques branches entières suffisent à parfumer viandes, poissons, plats en sauce, marinades, grillades ou une eau de cuisson. Pensez à les enlever avant de servir, car les feuilles sont coriaces. Leur infusion stimule la digestion et la circulation du sang. En inhalation, elle est efficace contre les infections respiratoires, et en gargarisme pour désinfecter la bouche.

Espèces et variétés

'Pointe du Raz', 'Corsican Blue' et 'Prostatus' sont d'excellents couvre-sol avec leur port étalé. 'Pyramidalis', 'Erectus' et 'Tuscan Blue' sont plus utilisés en petit arbuste isolé ou pour former une haie en raison de leurs tiges dressées.

Placez quelques tiges séchées dans vos armoires pour éloigner les mites.

Rue des jardins

Ruta graveolens • Rutacées • VIVACE

La rue des jardins est un arbrisseau vivace qui était très utilisé en cuisine au Moyen Âge, il l'est aujourd'hui surtout pour les qualités ornementales de sa floraison estivale jaune soufre et de son feuillage persistant vert bleuté qui dégagent une forte odeur âcre, ce qui lui vaut aussi le nom de rue fétide.

Propriétés
Calmante, digestive, stimulante, tonique.

Parties utilisées
Feuilles.

Dimensions
Hauteur : 60-100 cm
Largeur : 50-70 cm

Emplacement
Ensoleillé ou semi-ombragé, dans un sol sec, léger et drainant.

Densité
2 à 3 pieds/m².

Maladies et parasites
Aucun.

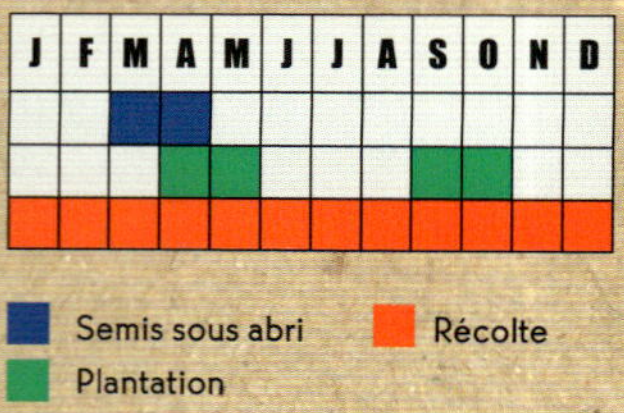

Semis ou Plantation

Le semis peut se faire sous abri en mars-avril, pour un repiquage en place quand les plants atteignent 5 cm de hauteur. La plantation s'effectue en mai-juin ou en septembre-octobre.

Entretien

Arrosez régulièrement la première année, puis uniquement en cas de sécheresse. Taillez légèrement la touffe après la floraison pour garder une forme compacte. Et réduisez-la de moitié en début de printemps pour favoriser le développement de nouvelles pousses.

Récolte

Attendez la deuxième année pour commencer les récoltes. Les feuilles se cueillent ensuite toute l'année en fonction des besoins, de préférence jeunes et avant la floraison pour les conserver.

Conservation

Faites-les rapidement sécher dans un endroit bien sec et aéré, ou macérer dans du vinaigre.

Utilisation

Elles sont à utiliser finement ciselées en fin de cuisson et avec parcimonie en raison de leur goût amer, pour aromatiser salades, omelettes, viandes et poissons. En purin, elles possèdent des qualités répulsives contre les pucerons, les chats et les rongeurs.

Espèces et variétés

On trouve les variétés 'Jackman's Blue' aux feuilles bleu métallique et 'Variegata' à feuillage panaché de blanc.

Portez des gants, protégez vos bras et vos jambes lorsque vous la manipulez, car sa sève est irritante.

Safran

Crocus sativus • Iridacées • VIVACE

Propriétés
Antioxydant, apaisante, digestive, relaxante, tonique.

Parties utilisées
Stigmates.

Dimensions
Hauteur : 10-20 cm
Largeur : 10-15 cm

Emplacement
Pleinement ensoleillé toute l'année, dans un sol ameubli, léger, enrichi en compost ou en terreau, et particulièrement bien drainé.

Densité
30 à 50 pieds/m².

Maladies et parasites
Fusariose, pourriture, rongeurs, vers blancs.

Plantation   Récolte

Le safran est une plante bulbeuse dont l'intérêt réside autant dans la récolte de son pistil aromatique que dans ses éphémères fleurs violettes veinées de pourpre qui s'épanouissent entre septembre et novembre.

Plantation

Elle a lieu en juillet-août, car son développement végétatif a la particularité d'être en hiver, et sa période de repos en été. Enterrez les bulbes bien à plat et la pointe vers le haut à 10-15 cm de profondeur, en les espaçant de 10-15 cm en tous sens.

Entretien

Il n'est pas nécessaire d'arroser après la plantation, n'intervenez qu'en cas de forte sécheresse. Désherbez très régulièrement pour éviter toute concurrence. Tous les trois à cinq ans, déterrez les bulbes en fin d'été pour prélever les bulbilles qui se sont développées sur le dessus et les replanter.

Récolte

Elle a lieu quotidiennement entre la fin septembre et la mi-novembre environ, pendant quatre à six semaines quand la fleur vient de s'ouvrir. Récupérez à l'aide d'une pince à épiler les pistils rouges qui comportent trois longs filaments qu'on appelle les stigmates.

Conservation

Faites sécher les stigmates le jour même, de préférence au four plutôt qu'à l'air libre. À une température de 40-50 °C pendant 20 à 30 min, jusqu'à ce qu'ils deviennent cassants et prennent une teinte rouge vif. Conservez-les ensuite dans un récipient hermétique et à l'abri de la lumière pendant deux ans au maximum. Et attendez au moins un mois avant de les consommer.

Utilisation

Deux à trois stigmates par personne suffisent à colorer et parfumer plats à base de riz (paëlla, risotto) et mijotés, viandes, poissons, crustacés, sauces, bouillons, soupes, mais aussi certains entremets et desserts. En infusion, le safran possède des vertus apaisantes et relaxantes.

Variétés conseillées.

Seule l'espèce type est cultivée.

On le surnomme l'or rouge, car pour obtenir un gramme de safran sec il faut environ 150 fleurs !

Sarriette

Satureja montana • Lamiacées • VIVACE

Celle qu'on appelle aussi sarriette des montagnes est un petit arbrisseau vivace qui pousse en touffe compacte composée d'un fin feuillage persistant gris vert et se couvre de juin à septembre d'une floraison blanc rosé.

Propriétés
Apaisante, digestive, expectorante, stimulante, tonique.

Parties utilisées
Tiges, feuilles.

Dimensions
Hauteur : 20-40 cm
Largeur : 20-30 cm

Emplacement
Ensoleillé et chaud, dans un sol pauvre, léger, sec et bien drainé.

Densité
8 à 10 pieds/m².

Maladies et parasites
Aucun.

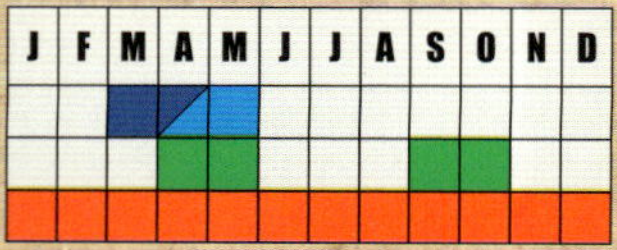

Semis sous abri
Semis en place
Plantation
Récolte

Semis et plantation

Effectuez les semis en mars-avril sous abri ou en avril-mai en place, pour une levée en une quinzaine de jours. Les plants du commerce s'installent en avril-mai ou en septembre-octobre.

Entretien

Pincez les jeunes tiges pour favoriser la ramification. N'arrosez qu'en cas de sécheresse prolongée. Taillez la touffe de moitié après la floraison, et paillez en fin d'automne pour la protéger des fortes gelées. Rabattez de nouveau les tiges en mars à 10-15 cm du sol pour que le pied reste compact et vigoureux.

Récolte

Coupez les tiges à 10 cm du sol selon les besoins tout au long de l'année, hors période de gel.

Conservation

Elles se prêtent très bien à tous les modes de conservation.

Utilisation

Les feuilles ont une saveur piquante et poivrée puissante, et facilitent la digestion. Utilisez-les finement hachées pour relever salades, crudités, légumes, viandes, grillades, poissons, farces et plats en sauce. En infusion, elles ont des effets toniques et stimulants pour lutter contre les états grippaux. Frottez des feuilles fraîches pour soulager les piqûres d'insectes.

Espèces et variétés

Il existe aussi la sarriette des jardins (*S. hortensis*), une espèce annuelle et moins rustique, aux feuilles un peu plus grandes et à la saveur plus douce.

Ses fleurs très mellifères attirent les insectes pollinisateurs, elle repousse aussi de nombreux parasites.

Sauge officinale

Salvia officinalis · Lamiacées · VIVACE

Propriétés
Antiseptique, apéritive, cicatrisante, digestive, stimulante, tonique.

Parties utilisées
Feuilles.

Dimensions
Hauteur : 40-60 cm
Largeur : 40-70 cm

Emplacement
Ensoleillé et chaud, dans une terre plutôt riche, sèche et légère mais surtout bien drainée, car elle n'apprécie pas l'humidité.

Densité
2 à 3 pieds/m².

Maladies et parasites
Oïdium.

J	F	M	A	M	J	J	A	S	O	N	D
		Semis sous abri	Semis sous abri / Semis en place	Semis en place							
			Plantation	Plantation	Plantation			Plantation	Plantation		
Récolte	Récolte	Récolte	Récolte	Récolte	Récolte	Récolte	Récolte	Récolte	Récolte	Récolte	Récolte

Semis sous abri
Semis en place
Plantation
Récolte

La sauge est une plante vivace persistante appréciée pour ses feuilles épaisses et duveteuses parfumées vert grisâtre, dont la floraison en longs épis de petites fleurs bleu violacé s'épanouit de mai à juillet.

Semis et plantation

Le semis se réalise sous abri dès mars, en place en avril-mai. Plantez les jeunes plants d'avril à juin ou en septembre-octobre.

Entretien

Arrosez uniquement en cas de sécheresse. Paillez autour du pied dans les régions à hiver froid. Chaque année, rabattez les tiges à 20 cm du sol à la sortie de l'hiver.

Récolte

La cueillette des feuilles est possible toute l'année, mais elle s'effectue de préférence entre mai et septembre, juste avant la floraison pour les conserver.

Conservation

Elles peuvent être séchées entières bien à plat, congelées émincées ou mises à macérer dans du vinaigre.

Utilisation

On les emploie avec parcimonie en raison de leur forte saveur camphrée et légèrement amère. Une ou deux feuilles suffisent pour aromatiser plats en sauce, viandes, poissons, légumes, soupes et farces. Faites-les infuser pour bénéficier en tisane, cataplasme et gargarisme de leurs vertus digestives, antiseptiques, tonifiantes et apéritives.

Espèces et variétés

En plus de l'espèce type qui est la plus aromatique, la sauge officinale se décline en plusieurs variétés au feuillage ornementaLargeur : 'Purpurascens' pourpre, 'Berggarten' vert grisâtre, 'Icterina' panaché vert et jaune, 'Tricolor' marqué de vert, blanc et rose.

Avant d'être utilisée en cuisine, elle l'était surtout pour ses nombreuses propriétés médicinales, d'où son nom dérivé du latin *salvare* qui signifie « guérir ».

Souci

Calendula officinalis • Astéracées • ANNUELLE

Propriétés
Adoucissante, antiseptique, calmante, cicatrisante, digestive, sudorifique.

Parties utilisées
Fleurs.

Dimensions
Hauteur : 30-60 cm
Largeur : 20-30 cm

Emplacement
Peu exigeant, il tolère tous les types de sol, même pauvres, s'ils sont bien drainés et s'il se trouve dans un endroit ensoleillé ou à l'ombre légère.

Densité
6 à 8 pieds/m².

Maladies et parasites
Oïdium, pucerons.

	J	F	M	A	M	J	J	A	S	O	N	D
Semis en place				■	■	■		■	■			
Plantation				■	■	■	■	■				
Récolte					■	■	■	■	■	■	■	

Semis en place — Récolte — Plantation

Le souci est une plante herbacée annuelle à croissance rapide cultivée aussi bien au jardin d'ornement qu'au potager, reconnaissable à ses grandes fleurs de couleur jaune à orange vif qui s'épanouissent de mai jusqu'aux gelées et s'ouvrent au soleil pour se refermer en fin de journée.

Semis et plantation

La méthode la plus courante est de le semer en place à partir d'avril jusqu'à juin, dès août-septembre sous climat doux. On peut aussi mettre en terre les jeunes plants après les gelées, d'avril jusqu'en août.

Entretien

Arrosez uniquement en cas de fortes chaleurs, sans mouiller le feuillage. Supprimez au fur et à mesure les fleurs fanées pour stimuler la floraison. Laissez-en quelques-unes se ressemer naturellement en fin de saison.

Récolte

La cueillette des fleurs a lieu pendant toute la période de floraison de mai jusqu'aux premières gelées, dès qu'elles commencent à s'ouvrir.

Conservation

Faites sécher les fleurs à plat avant de détacher les pétales et de les stocker dans un bocal hermétique, à conserver dans un endroit sec et à l'abri de la lumière.

Utilisation

Leur saveur légèrement amère aromatise salades, crudités, viandes, poissons, riz, sauces et fromages. Leur infusion est digestive et sudorifique, appliquée localement en cataplasme, elle a un effet cicatrisant et hydratant en cas de brûlures, de piqûres d'insectes et de petites plaies. Au jardin, son odeur forte est un excellent répulsif contre de nombreux parasites, mais il attire aussi les insectes pollinisateurs.

Espèces et variétés

On trouve de nombreuses variétés, principalement à fleurs doubles ou semi-doubles ('Baby Orange', 'Esterel', 'Orange Star', 'Fiesta Gitana'). Ainsi que le souci des champs (*C. arvensis*) aux fleurs de plus petite taille.

Il était utilisé autrefois pour colorer le beurre et certains fromages, ce qui lui valait le nom de « safran du pauvre ».

Stévia

Stevia rebaudiana • Astéracées • VIVACE

Propriétés
Antioxydant, diurétique, édulcorante.

Parties utilisées
Feuilles.

Dimensions
Hauteur : 30-70 cm
Largeur : 30-40 cm

Emplacement
Il est recommandé de la cultiver en pot, car elle supporte mal les températures inférieures à 10 °C, la sécheresse et les excès d'eau. Offrez-lui une terre plutôt riche, fraîche et drainante, et placez-la dans un endroit chaud et ensoleillé de préférence, en évitant le soleil direct en été.

Densité
6 à 8 pieds/m².

Maladies et parasites
Cochenilles, escargots, limaces, rongeurs.

	J	F	M	A	M	J	J	A	S	O	N	D
[Semis sous abri]		■	■									
[Plantation]				■	■	■						
[Récolte]						■	■	■	■	■		

■ Semis sous abri ■ Récolte
■ Plantation

Aussi connue sous le nom de plante à sucre, la stévia est une plante herbacée vivace mais souvent cultivée comme annuelle sous nos climats, célèbre pour le fort pouvoir sucrant de ses longues feuilles semi-persistantes dentelées vert foncé.

Semis et plantation

Le semis est possible sous abri chauffé en février-mars, mais reste difficile et aléatoire. Il est plus simple de se procurer des plants dans le commerce. À mettre en terre entre avril et juin, quand les gelées ne sont plus à craindre et que les températures dépassent 10 °C.

Entretien

Arrosez régulièrement, jusqu'à deux à trois fois par semaine en période estivale. Supprimez les fleurs qui peuvent apparaître en août-septembre. Rentrez les pots avant les premiers froids dans une pièce hors gel non chauffée, et limitez les arrosages en hiver. En pleine terre, rabattez la touffe à 10 cm du sol en novembre, buttez le pied et paillez pour protéger les racines.

Récolte

Pour consommer les feuilles fraîches, récoltez-les à l'unité selon les besoins, de juin à octobre en pleine terre, toute l'année en pot. Vous pouvez aussi couper toutes les feuilles en fin d'été pour les conserver.

Conservation

Faites-les sécher plusieurs heures au soleil avant de les réduire en poudre. Retirez les morceaux de tiges et de nervures qui sont légèrement amers, et conditionnez en boîte hermétique.

Utilisation

Fraîches ou séchées, elles ont un léger arrière-goût de réglisse et s'utilisent comme substitut au sucre pour adoucir salades de fruits, compotes, yaourts, gâteaux et boissons.

Espèces et variétés

Seule l'espèce type est cultivée.

Elle possède un pouvoir sucrant 30 fois supérieur au sucre traditionnel, et jusqu'à 300 fois réduit en poudre, ce qui en fait un excellent édulcorant naturel, sans aucune calorie.

Tanaisie

Tanacetum vulgare • Astéracées • VIVACE

Propriétés
Antiseptique, calmante, digestive, tonique, vermifuge.

Parties utilisées
Feuilles.

Dimensions
Hauteur : 60-120 cm
Largeur : 30-50 cm

Emplacement
Pleinement ensoleillé ou à l'ombre légère, tous les types de sol lui conviennent pourvu qu'ils soient légers et bien drainés.

Densité
4 à 6 pieds/m^2.

Maladies et parasites
Aucun.

Semis en place   Récolte
Plantation

La tanaisie est une plante herbacée vivace dont les grandes tiges portent un feuillage caduc vert foncé finement découpé et se terminent de juillet à septembre par une floraison jaune vif.

Semis et plantation

Le semis est possible en place en mars-avril, mais la levée est aléatoire. Installez plutôt de jeunes plants du commerce, en avril-mai ou en septembre-octobre.

Entretien

Pratiquez quelques arrosages après la plantation, puis seulement en cas de forte sécheresse. Rabattez les tiges au ras du sol en toute fin d'été pour contenir la touffe et éviter les semis spontanés. Divisez-la tous les quatre ou cinq ans au printemps pour qu'elle reste vigoureuse.

Récolte

La cueillette des feuilles s'effectue de préférence en mai-juin avant la floraison, en coupant les tiges à la base pour favoriser l'apparition de nouvelles pousses. Mais elle peut se prolonger tout l'été.

Conservation

Les feuilles peuvent être séchées en suspendant les tiges dans une pièce sombre et bien aérée, ou être congelées hachées.

Utilisation

Leur saveur est forte, camphrée et amère. Utilisez-les à petites doses comme condiment pour relever viandes, poissons, omelettes, sauces, desserts et pâtisseries. Leur infusion est tonique, digestive et vermifuge. En cataplasme, elle soulage les rhumatismes et les contusions, en gargarismes les douleurs dentaires. Pulvérisée au jardin, elle est réputée pour être un excellent insecticide et fongicide.

Espèces et variétés

Outre l'espèce type, on trouve la variété 'Isla Gold' au feuillage doré, 'Crispum' à feuilles frisées vert foncé et de taille plus petite.

Placez quelques feuilles séchées dans vos armoires et pots-pourris pour éloigner mites, fourmis et moustiques.

Thym

Thymus vulgaris • **Lamiacées** • **VIVACE**

Propriétés
Antiseptique, apéritive, calmante, digestive, stimulante.

Parties utilisées
Tiges, feuilles.

Dimensions
Hauteur : 10-50 cm
Largeur : 10-40 cm

Emplacement
Chaud et bien ensoleillé toute l'année, avec un sol léger, sec, même pauvre et caillouteux, mais toujours bien drainé, car il redoute l'humidité.

Densité
5 à 7 pieds/m².

Maladies et parasites
Aucun.

	J	F	M	A	M	J	J	A	S	O	N	D
Semis sous abri				■	■							
Plantation				■	■				■	■		
Récolte	■	■	■	■	■	■	■	■	■	■	■	■

Semis sous abri — Récolte — Plantation

Le thym dit commun est un sous-arbrisseau vivace apprécié pour ses petites feuilles persistantes vert grisâtre à la forte odeur caractéristique, qui se couvre de minuscules fleurs roses ou blanches d'avril à septembre.

Semis et plantation

On le sème en avril-mai sous abri, pour un repiquage environ deux mois après la levée, qui intervient après deux à trois semaines. Les plants achetés en godets sont à mettre en terre en avril-mai ou en septembre-octobre.

Entretien

Il demande peu de soins, car il ne craint ni la sécheresse ni le froid. Rabattez seulement la touffe d'un bon tiers après la floraison pour lui redonner une forme compacte et favoriser le développement de nouvelles feuilles. Divisez le pied tous les trois à cinq ans au printemps pour le rajeunir.

Récolte

Elle peut s'effectuer toute l'année, en début de floraison pour avoir un parfum intense. Coupez les extrémités encore vertes des tiges, au maximum sur la moitié de leur longueur.

Conservation

Procédez au séchage des tiges dès leur récolte. Suspendez-les en petits bouquets la tête en bas dans un endroit sec, bien aéré et à l'abri de la lumière. Vous pourrez ensuite détacher les feuilles pour les mettre dans un contenant hermétique, mais aussi les faire congeler en sachets individuels.

Utilisation

Avec sa saveur forte et légèrement piquante caractéristique, il aromatise viandes, poissons, grillades, sauces, marinades, farces, légumes. Ses infusions calment les inflammations respiratoires et facilitent la digestion. On peut aussi l'utiliser en gargarismes contre les maux de gorge, en fumigation pour traiter les sinusites et dans l'eau du bain contre les rhumatismes.

Espèces et variétés

En plus de l'espèce type, il existe des variétés à feuillage doré ou panaché ('Aureus', 'Bertram Anderson') très décoratives. Mais aussi de nombreuses autres espèces. Parmi les plus aromatiques, il y a le thym serpolet (*T. serpyllum*) rampant à la saveur fine et douce, citron (*T. x citriodorus*) au feuillage dense et au fort parfum citronné, laineux (*T. pseudolaginus*) à petites feuilles grises et duveteuses.

Il évoque inévitablement la cuisine méditerranéenne et le Midi, où il est appelé farigoule.

Verveine citronnelle

Lippia citriodora ou *Aloysia triphylla* • Verbénacées • VIVACE

Propriétés
Apaisante, digestive, diurétique, tonique.

Parties utilisées
Feuilles.

Dimensions
Hauteur : 60-120 cm
Largeur : 30-60 cm

Emplacement
Particulièrement ensoleillé et chaud toute l'année, protégé des vents froids, dans un sol riche, léger, frais et bien drainé.

Densité
3 à 4 pieds/m².

Maladies et parasites
Mouches blanches, pucerons.

J	F	M	A	M	J	J	A	S	O	N	D
			Plantation	Plantation	Plantation						
						Récolte	Récolte	Récolte	Récolte		

Plantation   Récolte

La verveine citronnelle, appelée aussi verveine odorante, est un petit arbuste qui présente de longues feuilles étroites caduques vert clair très odorantes et une discrète floraison blanche ou violacée en fin d'été.

Plantation

Mettez les plants en terre après les gelées entre avril et juin. Préférez la culture en pot dans les régions où l'hiver est froid pour pouvoir la rentrer, car elle est très frileuse.

Entretien

Arrosez dans les semaines suivant la plantation, ensuite régulièrement en été mais sans excès. Pincez régulièrement les extrémités des tiges pour les ramifier. En fin d'automne, rentrez les plantes en pot dans un endroit lumineux et au-dessus de 10 °C, comme une véranda. Celles restant en place devront être protégées par un épais paillage et un voile d'hivernage. En mars, coupez les tiges à environ 30 cm du sol pour que la plante s'étoffe.

Récolte

Évitez de prélever les feuilles une à une. Coupez plutôt les tiges bien développées au fur et à mesure, entre juillet et octobre.

Conservation

Les feuilles gardent longtemps leur arôme et leurs propriétés une fois séchées, et peuvent aromatiser huile et vinaigre.

Utilisation

Elles possèdent une saveur fraîche et citronnée intense. Ajoutez-en quelques-unes ciselées pour parfumer crèmes, gâteaux et glaces, mais aussi salades, poissons, viandes, sauces, boissons. Leur infusion possède des vertus digestives et apaisantes.

Espèces et variétés

On trouve aussi la verveine d'Argentine (*L. polystachya*) au parfum et goût d'agrume avec une note mentholée, et la verveine douce (*L. dulcis*) plus rustique à la saveur d'ananas.

Elle est souvent confondue avec la verveine officinale (*Verbena officinalis*), une plante aux nombreuses propriétés médicinales dont les feuilles sont amères et peu parfumées.

Dans la même collection

Toutes les photographies sont de l'auteur, qui tient à remercier toutes les personnes qui lui ont ouvert les portes de leur jardin, Florent Lamontagne, L'Amicale des petits jardiniers La Tranchée Saint-Cyr.

Éditions **OUEST-FRANCE**
Lille - Rennes

Éditeur Jérôme Le Bihan
Coordination éditoriale Marine Le Ruyet
Collaboration éditoriale Lucie Robichon
Conception graphique et mise en page
Studio graphique des Éditions Ouest-France
Photogravure Graph&Ti, Rennes (35)
Impression Pollina, Luçon (85) - L75146

Édilarge SA, Rennes
ISBN : 978-2-7373-7012-0
Dépôt légal : févrer 2016
N° d'éditeur : 8116.01.2,5.02.16

Imprimé en France
www.editionsouestfrance.fr